度事理的世纪师者

丈伯 传

刘晓君 ◎ 著

科学家学术成长资料采集工程 丛书

| 1937 年 | 1951 年 | 1981 年 | 1992 年 | 2015 年 |
| 上海交通大学毕业 | 中国矿业学院任教 | 被国务院批准为首批博士生导师 | 享受国务院有突出贡献的特殊津贴 | 逝世于北京 |

老科学家学术成长资料采集工程 丛书

善度事理的世纪师者

袁文伯 传

刘晓君 ◎ 著

中国科学技术出版社
上海交通大学出版社

图书在版编目（CIP）数据

善度事理的世纪师者：袁文伯传／刘晓君著 .—北京：中国科学技术出版社，2017.5

（老科学家学术成长资料采集工程丛书）

ISBN 978-7-5046-6482-2

Ⅰ. ①善… Ⅱ. ①刘… Ⅲ. ①袁文伯-传记 Ⅳ. ① K826.16

中国版本图书馆 CIP 数据核字（2013）第 283994 号

责任编辑	余　君
责任印制	张建农
版式设计	中文天地

出　　版	中国科学技术出版社　上海交通大学出版社
发　　行	中国科学技术出版社发行部
地　　址	北京市海淀区中关村南大街 16 号
邮　　编	100081
发行电话	010-62173865
传　　真	010-62173081
网　　址	http://www.cspbooks.com.cn

开　　本	787mm×1092mm　1/16
字　　数	170 千字
印　　张	11.25
彩　　插	2
版　　次	2017 年 5 月第 1 版
印　　次	2017 年 5 月第 1 次印刷
印　　刷	北京华联印刷有限公司
书　　号	ISBN 978-7-5046-6482-2 / K・133
定　　价	40.00 元

（凡购买本社图书，如有缺页、倒页、脱页者，本社发行部负责调换）

老科学家学术成长资料采集工程领导小组专家委员会

主　任：杜祥琬
委　员：（以姓氏拼音为序）
　　　　巴德年　陈佳洱　胡启恒　李振声
　　　　齐　让　王礼恒　王春法

老科学家学术成长资料采集工程丛书组织机构

特邀顾问（以姓氏拼音为序）
　　　　樊洪业　方　新　谢克昌

编委会
主　编：王春法　张　藜
编　委：（以姓氏拼音为序）
　　　　艾素珍　崔宇红　定宜庄　董庆九　郭　哲
　　　　韩建民　何素兴　胡化凯　胡宗刚　刘晓勘
　　　　罗　晖　吕瑞花　秦德继　王　挺　王扬宗
　　　　熊卫民　姚　力　张大庆　张　剑　周德进

编委会办公室
主　任：孟令耘　张利洁
副主任：许　慧　刘佩英
成　员：（以姓氏拼音为序）
　　　　董亚峥　冯　勤　高文静　韩　颖　李　梅
　　　　刘如溪　罗兴波　沈林苣　田　田　王传超
　　　　余　君　张海新　张佳静

老科学家学术成长资料采集工程简介

　　老科学家学术成长资料采集工程（以下简称"采集工程"）是根据国务院领导同志的指示精神，由国家科教领导小组于2010年正式启动，中国科协牵头，联合中组部、教育部、科技部、工信部、财政部、文化部、国资委、解放军总政治部、中国科学院、中国工程院、国家自然科学基金委员会等11部委共同实施的一项抢救性工程，旨在通过实物采集、口述访谈、录音录像等方法，把反映老科学家学术成长历程的关键事件、重要节点、师承关系等各方面的资料保存下来，为深入研究科技人才成长规律，宣传优秀科技人物提供第一手资料和原始素材。

　　采集工程是一项开创性工作。为确保采集工作规范科学，启动之初即成立了由中国科协主要领导任组长、12个部委分管领导任成员的领导小组，负责采集工程的宏观指导和重要政策措施制定，同时成立领导小组专家委员会负责采集原则确定、采集名单审定和学术咨询，委托科学史学者承担学术指导与组织工作，建立专门的馆藏基地确保采集资料的永久性收藏和提供使用，并研究制定了《采集工作流程》《采集工作规范》等一系列基础文件，作为采集人员的工作指南。截至2016年6月，已启动400多位老科学家的学术成长资料采集工作，获得手稿、书信等实物原件资料73968件，数字化资料178326件，视频资料4037小时，音频资料4963小时，具有重要的史料价值。

　　采集工程的成果目前主要有三种体现形式，一是建设"中国科学家博物馆网络版"，提供学术研究和弘扬科学精神、宣传科学家之用；二是编辑制作科学家专题资料片系列，以视频形式播出；三是研究撰写客观反映老科学家学术成长经历的研究报告，以学术传记的形式，与中国科学院、中国工程院联合出版。随着采集工程的不断拓展和深入，将有更多形式的采集成果问世，为社会公众了解老科学家的感人事迹，探索科技人才成长规律，研究中国科技事业的发展历程提供客观翔实的史料支撑。

总序一

中国科学技术协会主席 韩启德

老科学家是共和国建设的重要参与者，也是新中国科技发展历史的亲历者和见证者，他们的学术成长历程生动反映了近现代中国科技事业与科技教育的进展，本身就是新中国科技发展历史的重要组成部分。针对近年来老科学家相继辞世、学术成长资料大量散失的突出问题，中国科协于2009年向国务院提出抢救老科学家学术成长资料的建议，受到国务院领导同志的高度重视和充分肯定，并明确责成中国科协牵头，联合相关部门共同组织实施。根据国务院批复的《老科学家学术成长资料采集工程实施方案》，中国科协联合中组部、教育部、科技部、工业和信息化部、财政部、文化部、国资委、解放军总政治部、中国科学院、中国工程院、国家自然科学基金委员会等11部委共同组成领导小组，从2010年开始组织实施老科学家学术成长资料采集工程。

老科学家学术成长资料采集是一项系统工程，通过文献与口述资料的搜集和整理、录音录像、实物采集等形式，把反映老科学家求学历程、师承关系、科研活动、学术成就等学术成长中关键节点和重要事件的口述资料、实物资料和音像资料完整系统地保存下来，对于充实新中国科技发展的历史文献，理清我国科技界学术传承脉络，探索我国科技发展规律和科技人才成长规律，弘扬我国科技工作者求真务实、无私奉献的精神，在全社会营造爱科学、学科学、用科学的良好氛围，是一件很有意义的事情。采集工程把重点放在年龄在 80 岁以上、学术成长经历丰富的两院院士，以及虽然不是两院院士、但在我国科技事业发展中作出突出贡献的老科技工作者，充分体现了党和国家对老科学家的关心和爱护。

自 2010 年启动实施以来，采集工程以对历史负责、对国家负责、对科技事业负责的精神，开展了一系列工作，获得大量反映老科学家学术成长历程的文字资料、实物资料和音视频资料，其中有一些资料具有很高的史料价值和学术价值，弥足珍贵。

以传记丛书的形式把采集工程的成果展现给社会公众，是采集工程的目标之一，也是社会各界的共同期待。在我看来，这些传记丛书大都是在充分挖掘档案和书信等各种文献资料、与口述访谈相互印证校核、严密考证的基础之上形成的，内中还有许多很有价值的照片、手稿影印件等珍贵图片，基本做到了图文并茂，语言生动，既体现了历史的鲜活，又立体化地刻画了人物，较好地实现了真实性、专业性、可读性的有机统一。通过这套传记丛书，学者能够获得更加丰富扎实的文献依据，公众能够更加系统深入地了解老一辈科学家的成就、贡献、经历和品格，青少年可以更真实地了解科学家、了解科技活动，进而充分激发对科学家职业的浓厚兴趣。

借此机会，向所有接受采集的老科学家及其亲属朋友，向参与采集工程的工作人员和单位，表示衷心感谢。真诚希望这套丛书能够得到学术界的认可和读者的喜爱，希望采集工程能够得到更广泛的关注和支持。我期待并相信，随着时间的流逝，采集工程的成果将以更加丰富多样的形式呈现给社会公众，采集工程的意义也将越来越彰显于天下。

是为序。

总序二

中国科学院院长　白春礼

由国家科教领导小组直接启动，中国科学技术协会和中国科学院等12个部门和单位共同组织实施的老科学家学术成长资料采集工程，是国务院交办的一项重要任务，也是中国科技界的一件大事。值此采集工程传记丛书出版之际，我向采集工程的顺利实施表示热烈祝贺，向参与采集工程的老科学家和工作人员表示衷心感谢！

按照国务院批准实施的《老科学家学术成长资料采集工程实施方案》，开展这一工作的主要目的就是要通过录音录像、实物采集等多种方式，把反映老科学家学术成长历史的重要资料保存下来，丰富新中国科技发展的历史资料，推动形成新中国的学术传统，激发科技工作者的创新热情和创造活力，在全社会营造爱科学、学科学、用科学的良好氛围。通过实施采集工程，系统搜集、整理反映这些老科学家学术成长历程的关键事件、重要节点、学术传承关系等的各类文献、实物和音视频资料，并结合不同时期的社会发展和国际相关学科领域的发展背景加以梳理和研究，不仅有利于深入了解新中国科学发展的进程特别是老科学家所在学科的发展脉络，而且有利于发现老科学家成长成才中的关键人物、关键事件、关键因素，探索和把握高层次人才培养规律和创新人才成长规律，更有利于理清我国科技界学术传承脉络，深入了解我国科学传统的形成过程，在全社会范围内宣传弘扬老科学家的科学思想、卓越贡献和高尚品质，推动社会主义科学文化和创新文化建设。从这个意义上说，采集工程不仅是一项文化工程，更是一项严肃认真的学术建设工作。

中国科学院是科技事业的国家队，也是凝聚和团结广大院士的大家庭。早在1955年，中国科学院选举产生了第一批学部委员，1993年国务院决定中国科学院学部委员改称中国科学院院士。半个多世纪以来，从学部委员到院士，经历了一个艰难的制度化进程，在我国科学事业发展史上书写了浓墨重彩的一笔。在目前已接受采集的老科学家中，有很大一部分即是上个世纪80、90年代当选的中国科学院学部委员、院士，其中既有学科领域的奠基人和开拓者，也有作出过重大科学成就的著名科学家，更有毕生在专门学科领域默默耕耘的一流学者。作为声誉卓著的学术带头人，他们以发展科技、服务国家、造福人民为己任，求真务实、开拓创新，为我国经济建设、社会发展、科技进步和国家安全作出了重要贡献；作为杰出的科学教育家，他们着力培养、大力提携青年人才，在弘扬科学精神、倡树科学理念方面书写了可歌可泣的光辉篇章。他们的学术成就和成长经历既是新中国科技发展的一个缩影，也是国家和社会的宝贵财富。通过采集工程为老科学家树碑立传，不仅对老科学家们的成就和贡献是一份肯定和安慰，也使我们多年的夙愿得偿！

鲁迅说过，"跨过那站着的前人"。过去的辉煌历史是老一辈科学家铸就的，新的历史篇章需要我们来谱写。衷心希望广大科技工作者能够通过"采集工程"的这套老科学家传记丛书和院士丛书等类似著作，深入具体地了解和学习老一辈科学家学术成长历程中的感人事迹和优秀品质；继承和弘扬老一辈科学家求真务实、勇于创新的科学精神，不畏艰险、勇攀高峰的探索精神，团结协作、淡泊名利的团队精神，报效祖国、服务社会的奉献精神，在推动科技发展和创新型国家建设的广阔道路上取得更辉煌的成绩。

总序三

中国工程院院长　周　济

　　由中国科协联合相关部门共同组织实施的老科学家学术成长资料采集工程，是一项经国务院批准开展的弘扬老一辈科技专家崇高精神、加强科学道德建设的重要工作，也是我国科技界的共同责任。中国工程院作为采集工程领导小组的成员单位，能够直接参与此项工作，深感责任重大、意义非凡。

　　在新的历史时期，科学技术作为第一生产力，已经日益成为经济社会发展的主要驱动力。科技工作者作为先进生产力的开拓者和先进文化的传播者，在推动科学技术进步和科技事业发展方面发挥着关键的决定的作用。

　　新中国成立以来，特别是改革开放30多年来，我们国家的工程科技取得了伟大的历史性成就，为祖国的现代化事业作出了巨大的历史性贡献。两弹一星、三峡工程、高速铁路、载人航天、杂交水稻、载人深潜、超级计算机……一项项重大工程为社会主义事业的蓬勃发展和祖国富强书写了浓墨重彩的篇章。

　　这些伟大的重大工程成就，凝聚和倾注了以钱学森、朱光亚、周光召、侯祥麟、袁隆平等为代表的一代又一代科技专家们的心血和智慧。他们克服重重困难，攻克无数技术难关，潜心开展科技研究，致力推动创新发展，为实现我国工程科技水平大幅提升和国家综合实力显著增强作出了杰出贡献。他们热爱祖国，忠于人民，自觉把个人事业融入到国家建设大局之中，为实现国家富强而不断奋斗；他们求真务实，勇于创新，用科技为中华民族的伟大复兴铸就了辉煌；他们治学严谨，鞠躬尽瘁，具有崇高的科学精神和科学道德，是我们后代学习的楷模。科学家们的一生是一本珍贵的教科书，他们坚定的理想信念和淡泊名利的崇高品格是中华民族自强不息精神的宝贵财富，永远值得后人铭记和敬仰。

通过实施采集工程，把反映老科学家学术成长经历的重要文字资料、实物资料和音像资料保存下来，把他们卓越的技术成就和可贵的精神品质记录下来，并编辑出版他们的学术传记，对于进一步宣传他们为我国科技发展和民族进步作出的不朽功勋，引导青年科技工作者学习继承他们的可贵精神和优秀品质，不断攀登世界科技高峰，推动在全社会弘扬科学精神，营造爱科学、讲科学、学科学、用科学的良好氛围，无疑有着十分重要的意义。

中国工程院是我国工程科技界的最高荣誉性、咨询性学术机构，集中了一大批成就卓著、德高望重的老科技专家。以各种形式把他们的学术成长经历留存下来，为后人提供启迪，为社会提供借鉴，为共和国的科技发展留下一份珍贵资料。这是我们的愿望和责任，也是科技界和全社会的共同期待。

周济

九五感怀

人生如梦复如烟 我到人间走一回
功名利禄如流水 世事如棋只等闲
九十五年一瞬间 身似鲦鱼过一生
少壮年华攻专业 老来无事读圣贤
身逢盛世乐悠悠 公费医疗好措施
念次大病身犹健 九十五岁打油诗
九十亦奏一瞬间 愿踵盛世乐陶然
国历增疆民富裕 人民幸福尺长乐

袁文伯 二〇〇七年三月
丁亥年春书并寿

袁文伯

袁文伯在家中接受访谈（一）

袁文伯在家中接受访谈（二）

目 录

老科学家学术成长资料采集工程简介

总序一 ······ 韩启德

总序二 ······ 白春礼

总序三 ······ 周 济

导 言 ······ 1

| 第一章 | 家世 ······ 9

| 第二章 | 求学历程 ······ 13

  天台中学 ······ 14
  杭高读书 ······ 20
  交大岁月 ······ 27

| 第三章 | 英士大学前后 ································ 64

大公职业学校时期 ································ 64
英士大学 ································ 67

| 第四章 | 执教之江 ································ 72

| 第五章 | 矿院春秋 ································ 77

中国矿业学院天津时期 ································ 78
北京矿业学院时期 ································ 82
动荡的年代 ································ 102
迟到的收获——北京研究生部时期 ································ 108

结　语 ································ 133

附录一　袁文伯年表 ································ 139

附录二　袁文伯主要论著目录 ································ 148

参考文献 ································ 154

后　记 ································ 157

图片目录

图 1-1　袁文伯的高祖父吉旋公留下来的文稿——《榴瑞堂文钞》………10
图 1-2　袁文伯故居………11
图 1-3　天台老宅"四香阁"的牌匾………11
图 2-1　袁文伯初中时的英文老师施督辉………18
图 2-2　浙江省教育厅给施督辉颁发的"教员检定合格证"………19
图 2-3　袁文伯在天台中学的初中毕业照………19
图 2-4　袁文伯高中时的学校——浙江省立高级中学………22
图 2-5　三十年代的浙高校园………22
图 2-6　杭高读书时的袁文伯………23
图 2-7　杭高一进………25
图 2-8　1936年时的上海交大全景图………27
图 2-9　上海交大校徽………29
图 2-10　袁文伯在交大读书时的校长黎照寰………30
图 2-11　上海交大物理系和理学院缔造者物理学家、教育家裘维裕先生………33
图 2-12　著名数学教育家、大同大学创办人、袁文伯在交大时的数学老师胡敦复………34
图 2-13　袁文伯大学时的物理实验老师周铭………36
图 2-14　袁文伯上海交大时的化学老师徐名材………38
图 2-15　著名的国学教育家、上海交大的创始人唐文治先生………39
图 2-16　袁文伯在上海交大时的老师、老上海交大土木学院院长李谦若先生………41
图 2-17　1935年落成的交大校门………45
图 2-18　著名给排水工程专家顾康乐………47

图片目录　**III**

图 2-19	袁文伯在上海交通大学读书时的宿舍	50
图 2-20	上海交大工程馆	51
图 2-21	上海交大的老图书馆	51
图 2-22	倍受袁文伯推崇的美籍俄罗斯力学家铁木辛柯	52
图 2-23	袁文伯的交大同窗、数学家徐桂芳	54
图 2-24	袁文伯杭高、交大同学陈民三	56
图 2-25	袁文伯杭高、交大时的同学、中国工程院院士吴祖垲先生	56
图 2-26	袁文伯杭高、交大同学姚传甲先生	57
图 2-27	袁文伯的交大同学钱钟毅	57
图 2-28	交大 1937 级校友在北京的聚会	58
图 2-29	马可尼夫妇访华	59
图 2-30	著名的核物理学家玻尔	60
图 2-31	翁万戈身着校服	62
图 2-32	三十年代的交大体育活动	62
图 2-33	袁文伯同谢赏梅的结婚照	63
图 3-1	袁文伯大公职业学校的聘书	65
图 3-2	国立英士大学的校徽、毕业纪念章和图书馆藏书印章	69
图 4-1	之江大学旧址	72
图 5-1	中国矿业学院在天津时的办公场所	78
图 5-2	天津时期的工人大学生	79
图 5-3	天津时期作为教师和学生宿舍的泰来饭店	79
图 5-4	1953 年 6 月 3 日，谢企彭和袁文伯带领建 50 级学生从天津到北京了解新校园的建设情况，在天安门前合影	80
图 5-5	1953 年 6 月初于北京矿业学院新建校舍内	82
图 5-6	袁文伯翻译的《公路上的闸门桥梁和涵洞》	84
图 5-7	袁文伯翻译的《测量误差原理》	87
图 5-8	袁文伯翻译的《钢梁极限状态》	87
图 5-9	袁文伯的译著《极限平衡法的结构承载能力的计算》	87
图 5-10	五十年代北京矿业学院的校门	90
图 5-11	中国矿业大学北京研究生部	108
图 5-12	研究生恢复招生后袁文伯在工作	109
图 5-13	八十年代的袁文伯	110
图 5-14	袁文伯在工作	110
图 5-15	袁文伯获政府特殊津贴	110

图 5-16　袁文伯在沈阳实验现场 …………………………………… 112
图 5-17　钩头系列组合 …………………………………………… 113
图 5-18　四吨钩原始网格图 ……………………………………… 114
图 5-19　钩头的弹性区和塑性区的划分 ………………………… 114
图 5-20　旧钩头破坏性实验的变形情况 ………………………… 115
图 5-21　5 立方米吊桶整体的实验装置 ………………………… 116
图 5-22　使用应力应变仪测试吊钩的受力和变形情况 ………… 116
图 5-23　5 立方米吊桶加载 204 吨时吊桶梁的变形和破坏情况 … 117
图 5-24　袁文伯与吕家立发表的论文"钩头超过弹性后
　　　　　两个阶段承载能力" ……………………………………… 119
图 5-25　a、b、c、d，采自袁文伯、吕家立 …………………… 120
图 5-26　袁文伯主编的《工程力学手册》 ……………………… 122
图 5-27　95 岁生日时与学生在一起 ……………………………… 124
图 5-28　袁文伯、谢企彭等与建 50、建 52 学生在北京西郊新校园合影 … 125
图 5-29　与建 50 学生重聚首 ……………………………………… 126
图 5-30　袁文伯教授为其博士生陈进制定的培养计划手稿 …… 127
图 5-31　袁文伯百年寿辰时同学生在一起 ……………………… 128
图 5-32　1988 年袁文伯指导的博士论文以及撰写的论文评议书 … 129
图 5-33　袁文伯本人笔记 ………………………………………… 129
图 5-34　袁文伯教授 80 寿辰暨从教 50 周年纪念活动 ………… 130
图 5-35　写有袁文伯亲笔签名的出版于 1936 年的小册子《交通
　　　　　大学一览》 …………………………………………… 131
图 5-36　袁文伯先生的《百岁感怀》 …………………………… 132

导 言

关于袁文伯

袁文伯是著名的工程力学专家，1912年3月25日生于浙江天台，1937年毕业于上海交通大学土木工程学院结构门，曾先后在英士大学、北洋工学院、之江大学任助教、讲师、副教授等职。1951年任中国矿业学院（后改称北京矿业学院，现为中国矿业大学）教授，历任北京矿业学院材料力学教研室主任、《工程力学》杂志编委（1984—1991）等职。

袁文伯长期从事结构力学、矿山工程力学、结构工程、岩土力学等方面的教学、科研和指导研究生等工作。在教学方面，曾讲授结构力学、弹性力学、塑性力学、结构动力学、结构塑性分析、结构稳定、岩土力学、钢筋混凝土等20余门课程。在科学研究方面，他能够结合生产和工程中的实际问题，注重研究和发现理论规律。20世纪70年代后期承担的三部会战项目——凿井钩头、连接装置、$4m^3$和$5m^3$大吊桶的研制工作，不仅解决了大型矿山立井施工机械化设备配套的关键设备，还提出钩头受力超过弹性后的两阶段承载能力（即屈服承载能力和极限承载能力）的计算理论，对钢梁极限承载能力理论有所发展和发现，获得1985年煤炭部科技进步二等奖。在"钢筋混凝土井架抗震性能的研究"工作中，提出了井架的振动特性和地震反应的相关规律，为制定《构筑物抗震设计规范》提供了可靠资料和依据，获得1991年能源部科技进步三等奖。在科技著作方面，袁文伯教授早期为了教学工作需要，编写了多部教学讲义；并翻译出版了多部俄文科技书籍，如《钢梁极限状态》(1957年)，《极限平衡法的结构承载能力计算》(1958年)，这两本书是结构极限承载能力方面的重要著作。同时，还主编出版了《工程力学手册》、《凿井工程图册》(第五册)及《岩土力学进展》等多部富有学术意义和工程实用价值的科技图书。其中《工程力学手册》(1988年)包含结构计算和机械设计中经常遇到的原理、方法、公式和有关资料，共140万字，该书荣获1989年第五届全国优秀科技图书二等奖。《凿井工程图册》(第五册)——《凿井专用设备设计计算示例》(责任编委，1989年)是煤炭部的重点图书，对凿井设备设计计算起到了示范和指导作用。《岩土力学进展》(副主编，1990年)反映了我国当时岩土力学研究的进展和水平。除此之外，袁文伯先生还在岩土力学、井架结构动力性态及钩头和吊桶提梁的研制及其承载能力的理论方面发表了学术论文40多篇。1981年被国务院批准为首批博士生导师，1992年享受国务院有突出贡献的特殊津贴。

关于传稿的撰写

2010年7月，我们开始接受有关袁文伯学术成长资料采集工作，伴随着采集工作的展开，我们查阅了大量相关文献、档案资料等，并多次采访袁文伯先生本人、家人、学生及同事等，对袁文伯的学术成长有了日益深入的了解，基于我们对袁文伯较充分了解的基础上，我们撰写了这部传稿。在研究以及撰写过程中，我们主要参考了以下一些资料：

（1）传记性资料。在我们的撰写过程中，主要参考了袁文伯本人撰写的传记性资料、以及他人撰写的相关传记性材料。袁文伯分别在1980年8月、1994年7月撰写过两部小传，一部是袁文伯入党前的思想汇报，大约2200余字，原稿现存于中国矿业大学（北京）人事处干部人事档案中；一部是袁文伯为上海交大37届级友通讯所写的回忆文章，近3000字，二稿均未公开发表。

他人撰写的有关袁文伯的传记性材料主要包括：1992年，值袁文伯80寿辰及从教55周年之际，他的研究生为其整理的一份关于袁文伯的简介及主要成果的材料；除此之外，还有《中国当代教育名人传略》(第二部)、《中华骄子、专业人才》以及袁文伯百年寿辰时家人及学生给撰写的祝寿材料等，这些小传都经过袁文伯本人审阅。

除此之外，我们还参阅了一些科学家传记资料。诸如《科学家传记大辞典》编辑组编辑的《中国现代科学家传记》(科学出版社，1992年版)、《中国科学技术专家传略》等科学家传记方面的书籍，尽管这其中没有袁文伯本人的传记，但有一些同时代的或与袁文伯学术成长密切相关的一些人物的传记，如袁文伯在上海交大的老师胡敦复、徐名材等的传记、以及一些与袁文伯同期的科学家传记，如力学同行钱希令、王国松等人的传记，为我们拓展了解特定历史时期科学共同体成员及其学术关系提供了借鉴。

（2）有关杭州高级中学（下简称杭高）相关的校史研究方面的资料。原英士大学教师莫定森先生的儿子、杭高校友、中国矿业大学（北京）的莫国震先生提供的杭高建校80周年的校庆材料、以及杭高建校百年时出版的《百年杭高》中的有关杭高校史资料以及一些与袁文伯上下届学友的相关回忆文章，为我们还原袁文伯的杭高生活提供了一定的参考。

（3）上海交通大学37届级友及相近年级校友的回忆文章。如袁文伯大学同窗、数学家徐桂芳撰写的回忆文章《往事随想》；旅居英国的上海交大1937届校友许道经写的回忆文章《三位恩师的启迪》；上海交大1940届校友傅景常的回忆文章，以上三篇文章均参见朱隆泉主编的《思源湖——上海交通大学百年故事撷英》之《名师轶事》（上海交通大学出版社，2006年版）。另外还有有关袁文伯在交大同届级友黄志千的小传《情缘航空梦》（参见《青春犹在》，上海交通大学出版社，2006年版）等为我们了解袁文伯在上海交大的受教育和学习情况提供了参考。

（4）上海交大校史方面的资料、档案材料。上海交通大学校史研究专著系列之《三个世纪的跨越——从南洋公学到上海交通大学》、《交大名师》、《唐文治文集》、《上海交通大学纪事》(1896—2005)、《思源湖——

上海交通大学百年故事撷英》、《青春犹在》（上海交通大学出版社，2006年版）等文献为我们还原袁文伯先生上海交大求学的经历提供了较为丰富的背景材料。除此之外，上海交通大学档案馆的档案材料以及西安交通大学有关上海交大的部分档案材料也为我们的研究提供了参考。

（5）互联网上以及浙江省档案馆的有关英士大学、之江大学的校史资料、档案材料，为我们了解袁文伯先生在英士大学和之江大学任教的经历提供了参考。

（6）中国矿业大学校史、校志、科技档案、人事档案以及部分校友的回忆文章以及对袁文伯先生的学生、同事的访谈和走访，为我们还原了袁文伯先生在中国矿业学院和北京矿业学院及至北京研究生部时期的教学和科研工作提供了帮助。

本传记的思路、结构

本传记主要是根据袁文伯先生的学术成长经历，特别是其受教育经历及其主要执教经历来组织和安排传记结构的。从天台中学、到杭高、再到上海交大的求学经历，以及从上海大公职业技术学校、英士大学、之江大学再到中国矿业学院（先后改为北京矿业学院、四川矿业学院、中国矿业大学等名称）的执教经历。同时，以袁文伯先生学术成长经历为主线，对袁文伯先生的家庭背景、求学历程、师承关系、工作环境、学术交往等方面的关键人物、重大事件和重要节点进行较为系统地梳理，力求反映出其学术思想、观点和理念产生、形成、发展的真实过程，尽可能还原中国本土受教育的科学家科学研究及其科学创新的艰辛历程。

我们的收获和发现

在我们做相关采集工作的过程中，最令我们兴奋不已的是袁文伯先生1930年在天台中学初中毕业照的发现。当我们在互联网上搜索有关袁文伯先生资料的时候，在天台中学校史资料中，竟然幸运地发现了袁文伯先生当年的初中毕业照。时隔80多年，青年时代的袁文伯、天台中学、天台中学的先生们的形象，霎时间变得鲜活和生动起来。这着实令我们兴奋不已，也使我们切实感受到史学研究带给我们的欣喜以及史料在史学研究中的价值与魅力。当我们把我们的发现发送给袁文伯先生后，袁先生的儿子当晚就给我们回了电话，告知老先生看到照片后很激动，并告诉我们照片中哪位是初中时的袁先生，并说我们传记中提到的天台中学的老先生照片上都有。后来随着进一步扩展搜索，我们又发现了两张几乎同时代的照片，一张照片上应该也有袁文伯先生，但由于照片本身很不清晰，且后来袁文伯先生的眼底出了问题，已不能予以辨认了。

在采集袁文伯先生学术成长资料的过程中，特别是在我们进行相关口述访谈的时候，我们发现袁文伯先生在20世纪70年代末期进行吊钩实验时在理论上的推进。其所发现的"极限承载能力"理论和公式是对原有的"结构塑性计算"理论的补充和发展。在实验中发现在原塑性分析的最大荷载，因为钢材有了强化性质，塑性分析中的"塑性铰"不成立，不存在。因此，原来的以"塑性铰"为基础的刚架塑性分析方法便不能成立了。同时，吊钩的破坏荷载可用"极限承载能力"的方法计算出来，吊钩的破坏试验就可不做，省却很多麻烦，后益无穷。并且吊钩的极限承载能力理论，根据推理，对钢梁也应该适用。他们的这项研究把吊钩或钢梁的承载能力分成三个阶段，即弹性阶段、屈服阶段、强化（极限）阶段，对吊钩、钢梁安全情况的了解更具体化了，对安全系数的理解也更具体了。这在当时是一项理论上的推进，但由于助手的离开未做进一步的探索和宣传。

在对吊钩实验的深入了解的过程中，我们找到了袁文伯先生当年的合作者和助手、中国矿业大学（北京）的陶龙光教授。陶教授向我们谈起了做实验的详细经过，并且评价了吊钩实验的理论和现实意义。同时，还给我们提供了非常珍贵的有关吊钩实验的相关照片40余张，这成为我们还原袁文伯当年科学研究活动的生动史料。

通过二年多的信息采集、研究报告以及传稿撰写，我们较清楚地了解了袁文伯先生的家庭背景、求学历程、师承关系、工作环境、学术交往等情况，基于这些了解，我们认为袁文伯先生的学术成长经历具有如下的特点：

（1）袁文伯先生作为在本期采集工程中为数不多的未有留学经历的本土科学家，代表了中国本土科学家成长的艰辛历程。袁文伯先生通过所受的良好教育、刻苦钻研、专心治学同样在力学这一传统学科中取得了重要的学术成就。对袁文伯先生学术成长经历的研究一定程度上揭示了中国本土科学家学术成长经历、科学研究发展环境、科学创新规律，为中国本土科学家成长研究和培养提供一定的借鉴和参考。

（2）袁文伯先生作为一位著名的矿山工程力学专家，其学术研究成果不仅体现在有形的技术产品上（如其所研制的吊钩，广泛应用于冶金、煤炭和机械工业行业），而且也体现在一些理论上的发现和推进，这对于技术工程专家是难能可贵的。并且更为难能可贵的是在其科学上的创新并没有得到普遍的关注和应有重视的情况下，依然固我，执着前行，体现了严谨的治学态度与卓越的科学精神。

（3）对袁文伯先生学术思想、学术成长经历资料的系统采集和整理，不仅是一项重要的资料采集工程，同时也是一项重要的科学史研究工作。通过对袁文伯先生作为一名中国本土培养的科学家个体学术成长微观历程的分析和研究，折射出了新中国科学事业宏观的发展历程，更成为中国科学技术发展历史的一块基石，铺就中国科技发展之路

（4）通过科学史和科学社会史研究揭示的袁文伯先生作为一位个体科学家的成长历程和成长模式，也为科学哲学领域进行科学研究方法论的研究、科学创新研究、科学教育领域的人才培养的探讨、科研管理领域进行科学研究组织管理等方面提供了个案。

由于没有留学经历、又隶属于传统学科、加之个性低调以及机遇等方面的原因，我们的传主袁文伯先生属于一位低能见度的科学家，见诸报端的公开报道和相关资料并不是很多，袁文伯先生手头的相关资料又因历经5次搬家所剩无几。尽管袁先生本人及其家属非常配合，但是历史的再现和还原并不容易，它既需要传稿作者的智慧、学识和努力，也需要一定史料的支撑。现在呈现给各位的这部作品，它既凝结了这些方面的因素，但似乎又不够充分。聊以自慰的是它付出了我们艰辛的努力，也能够较客观地总结和再现袁文伯先生的主要经历，为我们了解袁先生以及同他有着相

类似经历的老一辈学者、科学家提供一定的借鉴和参考。

诚然，人生的机遇各有不同的，人生也不能够假设，但我们还是想假设一下。假设袁先生曾经不是由于战乱的原因而到国外的名牌大学就读，假设袁先生在就读期间受到名师的指点并结识了一批同期在外留学的精英，假设他回国后进入了更为一流的研究机构，甚至即使袁先生没有出国留学，但袁文伯为人不是那样的低调平和、自谦严谨而是强势张扬，那么可能也能够和我们今天书写的院士与大师一样，令人崇敬和景仰。相比于那些院士、大科学家而言，袁先生的一生似乎没有他们那样光彩照人、熠熠生辉，但是他的人生似乎更加真实、从容和淡定，其经历更是大多数知识分子的真实写照。

第一章 家世

袁文伯，别名袁祥燦。1912年3月25日生于浙江省天台县一个并不十分富裕的家庭。浙江自古就是一个人才辈出之地，天台则更是一个人杰地灵的地方。天台素以佛教名山——天台山而久负盛名，天台山又以"佛宗道源，山水神秀"而誉满中外。佛、道文化源远流长，尤其是佛教、道教，在历史上有着重要的地位和影响。佛教的"天台宗"和道教的"南宗"都创于天台山。天台也是乐善好施、深受百姓爱戴的南宋高僧济公的故里，同时又是著名的围棋之乡、田径之乡、教育之乡。

自古浙江出秀才，袁文伯就出生于一个秀才世家。据袁文伯自己讲，其高祖父和曾祖父都是秀才，高祖父袁振家，字方元，号吉旋"恂恂儒雅，不苟言笑"，"平时肆力于古文辞，著有《榴瑞堂文钞》八卷"[①]，该书是高祖写下来教育后辈的。祖父是举人，父亲袁琴，是晚清秀才，生前曾经教过书，喜欢古诗文，并常以诗文自娱。早在袁文伯还是一个三、五岁小孩子的时候，父亲就曾对小文伯说，有字的东西都不能踩，表现出这个家庭对文化的高度尊重。

---

① 出自《榴瑞堂文钞》序。又一说法为十二卷，见《榴瑞堂文钞》。该书最初一直藏于四香阁中，20世纪50年代袁文伯的弟袁基将书带至金华，"文化大革命"期间被查抄，1985年春被归还，其下册至今未找到。

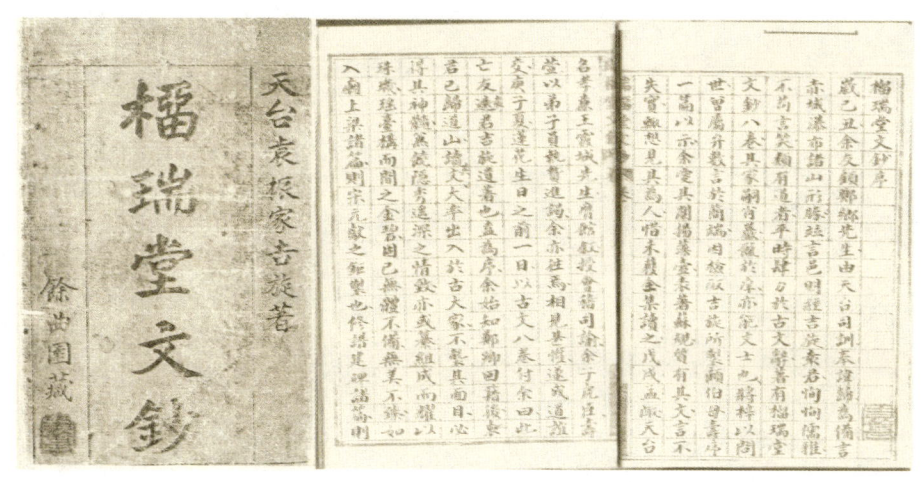

图1-1 袁文伯的高祖父吉旋公留下来的文稿——《榴瑞堂文钞》

  袁文伯的母亲是父亲的二房，父亲比袁文伯的年龄大很多。袁文伯上初中一年级时，父亲就病逝了。父亲从小不太管他，只是教育他要做好人、行善事，做事要认真。大概三、五岁时，父亲就开始教导他要做好人，做好人就要先做孝子，孝子就是好人。俗话说"万恶淫为首，百善孝为先"。做好孝子，做人就做好了。小的时候，天台老家有句迷信的话，连鬼神都怕孝子，鬼都不敢到孝子这里来。这些传统的伦理思想和道德教育在文伯幼小的心灵打下了深深的烙印，成为其一生恪守的做人准则和道德信条。

  袁文伯的家境虽说不上多么富裕，但也可以说是出生于殷实人家。据袁文伯的档案材料记载，抗战前家里曾有三千元存款，原籍天台十字巷37号的故居[①]有房屋三间。袁家的这座老宅是袁文伯的曾祖父盖的，最初是座平房，当时叫四香斋。祖父将四香斋改建成了楼房，改名为四香阁。袁文伯在高中之前，一直居住在这里。交大毕业后，在天台中学任教的一年时间，袁文伯和家人也是住在这里。袁文伯的四个孩子都是在这里出生的，抗战胜利后才随袁文伯离开，后来就没再回去过。老宅里还曾经留有袁文伯的一些藏书，有一些是祖上传下来的经史子集类的线装古书，其中

[①] 袁文伯家的老宅四香阁现已被拆除，据袁文伯先生提供的《四香阁照相纪念册》的附页上记载，"四香阁现迁移至中山路明清建筑保护区，假山移至天台博物馆新址"。

史书比较多，还有些古诗词方面的书以及一些劝学的、劝人从善的书籍；除此之外，还有一些袁文伯自己购买的书籍。1949年时，家里有田四亩，产的粮食吃饭没有问题。家里也曾开过一段时间的酒坊酿酒，但规模不大。酒坊产的酒部分用于自家饮用，同时也可带来一定的收益。

袁文伯的母亲袁郎氏，是浙江临海人，出身名门。其父亲曾做过福建泉州府的知府，但很早就过世了。

图 1-2　袁文伯故居（袁文伯高中之前在此居住，1937—1938年也曾在此短暂居住，他的四个子女都在此出生。照片由天台文化馆工作人员拍摄，由袁文伯的弟弟袁基转交给袁文伯）

图 1-3　天台老宅"四香阁"的牌匾（天台文化馆工作人员拍摄）

母亲家里没有男丁，有五六个姐妹，后来家道逐渐没落。

书香门弟的熏陶对袁文伯的影响还是很大的。袁文伯从小就养成了崇尚读书、认真求学的好习惯，其对古诗文的兴趣也主要是受其家庭的影响。袁文伯大学时，在闲暇的时间里，也经常看一些古诗词类的书。书籍成为陪伴其一生不可或缺的财富，并书写了他的书香人生。

袁文伯兄弟四人，其中两个哥哥是前母所生，很早就去世了。生母袁郎氏育有子女三人，袁文伯年龄最长，弟弟袁祥基（后改名袁基），比袁文伯小9岁，1945年英士大学法学院毕业，因学业优秀毕业后留校任助教，新中国成立后任金华师范学校的历史教员。因收有美国报刊，加之个性倔强，"文化大革命"中受到迫害。曾经20多年失去工作，但祥基做人很有

第一章　家世

骨气，靠搭稻草人等维生，后来还曾在金华开过书店，1978年平反后恢复工作。高祖父的《瑞榴堂文钞》原稿就是由袁基收藏，后复印给袁文伯的。袁文伯的妹妹袁临卿高中毕业，曾参加过军事大学的学习班，学习了半年，后分配工作做了小学老师。临卿终身未婚，后来有一段时间生活主要靠袁文伯资助和接济。

袁文伯于1935年11月与谢赏梅女士完婚。赏梅生于1915年4月，可以算是袁文伯的同乡，两家相距100多里。赏梅高中文化，生性贤淑，只是身体柔弱，20世纪50年代曾得过很严重的哮喘，后来一直没有怎么正式工作，主要是操持家务，相夫教子。曾经在北京矿业学院家委会工作过，做过一段时间的居委会副主任。2005年去逝，享年90岁。夫妇二人相濡以沫，感情甚笃。

袁文伯的长子袁重华，生于1937年11月底，所学专业为金属物理，现已退休，退休前是北京钢铁研究院的工程师；次子袁重果，1939年4月出生，北京医学院（现北京大学医学部）毕业，曾长期在青海省交通医院工作，因其心脏手术做得好，1992被抽调回京，现已退休。退休前是北京医院心内科的医生。三子重凡学农，是农业技师。小女重斐，周岁时因种牛痘引起脑炎后遗症，智力不全，仅相当于二、三岁孩童，一生陪伴父母，2006年高位截瘫卧床五年，2011年2月病逝。

第二章
求学历程

作为没有国外留学经历的本土科学家，袁文伯的成长受到其求学阶段的老师们的影响很大。其中影响比较大的老师有初中时的世界地理老师丁洪范先生、校长兼英语老师施督辉先生，高中时的物理老师瞿渭先生，以及上海交通大学求学时的黎照寰先生、胡敦复先生、李谦若先生，等等。在众多老师中，作为同乡的初、高中老师们，给袁文伯的影响更为直接，他们对袁文伯的学业成长给予了教导、关心和呵护，为其大学毕业后的工作、生活及日后的科学研究奠定了基础；而上海交大的名师们，则培养了他严谨、求实、勤奋、创新的科研素养和科学精神，以及实业救国的拳拳爱国情。

1920年（民国九年）春，袁文伯进入天台县文明高级小学读书。这所文明高级小学是由袁文伯的叔叔、前清秀才袁鬻臣创办，袁鬻臣也因此成长天台教育界的名人，后来任天台教育局局长多年。袁文伯入学时，恰逢新旧学制转换的过渡时期。1922年11月，民国政府出台了《学校系统改革案》，时称"壬戌学制"，也就是至今仍在实行的"六三三制"[①]。尽管如

---

① 六三三学制是借鉴美国的学制制定的新学制。该学制根据儿童身心发展划分教育阶段，将小学年限设为6年，初中与高中分别为三年。六三三学制的确立表明中国现代教育制度从效法日本转向了效法美国，由国民主义教育转向了平民主义教育。但它也并非盲从美制，而是中国教育界经过长期酝酿、集思广益的结晶。新学制的颁布和实施，标志着中国资产阶级新教育制度的确立，标志着中国近代以来的学制体系建设的基本完成。

此，1920年春季入学的袁文伯上学遵循的依然是老学制，小学需要读七年，而秋季入学的则实行了新学制，小学只读6年即毕业。由于新旧学制的衔接与转换，秋季比袁文伯入学晚的同学，却比他早一年毕业。正因如此，袁文伯小学读书的时间比于同龄人都多一年，后来求学也比其他同学都大一岁。

小学时的语文老师在天台老一辈中是一位极有声望的人，姓陈，名字已经记不清楚了。陈老师是清朝时的一位附榜，附榜在过去只比举人略差一点，是可以直接考进士的。当然，尽管老师很有名望，但袁文伯自认为小学时语文学得一般，其国学根底主要还是受家庭熏陶，和这位有名的语文老师并没有太直接的关系。小学时的袁文伯聪颖过人，尤擅长推理，因此其功课也主要以数理见长。小学时的英文学得不算太好，现在回想起来，袁文伯认为主要是因为当时英文教师的水平有限。的确，处于新旧教育转型时期的英文老师大都水平有限，难以在英语学习上给予学生以良好的指导。

天 台 中 学

1927年9月，袁文伯入天台县立初级中学（后文简称"天台中学"）读书。天台中学是由热心于桑梓公益的晚清进士金文田与挚友褚传诰，学生王文桂、陈镜人等于1906年（即清光绪三十二年）创办，该学校以旧校士馆①为校舍。

1912年（民国元年），施行"壬子癸丑学制"，改校名为天台中学校。1922年，教育部颁布"壬戌学制"，分中学为初、高两级，学制各3年，并改校名为天台县立初级中学校。据天台中学校史记载，1924年3月25日，康有为、屈文六（映光）曾来校讲演。1925年，复改校名为天台县立初级中学。至此，曾先后兼办各种讲习所多期，毕业学员共134人。1926

---

① 校士馆，民间称考棚，是科举制童试之地。

年开始,首次兼招女生,实行男女同校,又添办师范训练班,安装了电灯。袁文伯于1927年进入天台中学读书。

  在初中的时候,据其初中时的世界地理老师、后来任南开大学经济学教授的丁洪范[①]先生回忆,袁文伯在中学读书时,"学习极勤奋,恒居班中第一"[②]。据袁文伯本人讲,他学习上舍得花功夫。最初英文学得并不太好,但学习特别投入。走路时说英文,干活时说英文,加之名师指点,所以在初中时袁文伯的英文很快就赶上来。在我们采访袁文伯先生时,他提到初中时就超前地看了很多英文的数学、物理等课本,不仅学习了英文,而且对自然科学的学习也产生了浓厚的兴趣。这些英文课本都是当时托人从上海买来的,尽管当时家里说不上多么富裕,但出身名门的母亲在学业上舍得花钱,这也可以看出书香门第很重视在智力上的投入。据袁文伯本人讲,中学时的几位老师对其学习上的影响最大,大概因为都是同乡,加之当时学生人数也不多(初中有20余名同学),而袁文伯又是其中最为出类拔萃者。初中老师对袁文伯的影响在某种意义上超出了高中甚或大学老师的影响,为其日后的学习和研究工作奠定了非常重要的基础。

  中学时对袁文伯影响较大的老师有前面提到的丁洪范先生以及袁文伯的英文老师施督辉(字云卿)先生。

---

  ① 丁洪范(1898年–1979年),浙江天台人。早年在菲律宾接受大学商科教育1923年11月回国。1934年8月到南开大学商学院任讲师,同时在经济研究所任研究员,并曾担任在当时的经济界和经济学界有很大影响的天津《大公报·经济周刊》的主编,1937年抗日战争爆发后,到重庆大学商学院任教授兼任银行会计系主任。1941年8月到湖南大学经济系任教。1947年8月又重回到南开大学,对南开大学经济学学科的恢复和发展作出了贡献。丁洪范的很多研究都是针对中国实际问题的研究成果和建议。丁洪范先生的一项很重要的工作是他参与翻译了马尔萨斯的《人口原理》,这本书译者的署名是"南宇、子箕、惟贤",其中的子箕就是指丁洪范先生。他最主要的著作《经济学原理》,共计50万字。新中国成立后,他提出把政治经济学和技术经济学结合起来,并将比喻为"二马结婚",即把马克思的政治经济学和马歇尔的经济学原理结合起来。几十年来,他一直反对计划经济,主张实行市场经济。今天看来,丁先生的观点是正确的。丁先生胸怀坦荡,坚持真理,在许多观点被人们扭曲或误解时,能坚持自己的信念并泰然处之,其远见卓识和学术勇气着实令人钦佩! 参见南开人物志编委会《南开人物志第一辑》,南开大学出版社,1999年10月版。

  ② 参见袁文伯干部档案,存于中国矿业大学(北京)人事处档案。

1926年，丁洪范因肺病返乡，在同乡好友袁贤能①的资助下，转危为安。袁贤能是袁文伯老家天台的第一个留美的博士，很大程度上给天台学子树立了一个争相效仿的榜样。在天台修养期间，丁洪范曾短时间任教于天台中学。由于身体的原因，丁洪范先生在当时并没有教袁文伯他们主要的课程，而是教一门似乎并不重要的世界地理课，并且每周只有两个小时的课。尽管所交课程不多，但因其聪明睿智、说话风趣幽默，给袁文伯幼小的心灵留下了非常深刻的印象。时至今日，袁文伯还依然清晰地记得丁洪范老师讲课的内容。在讲到荷兰这个国家时，丁先生联系圣经上的"上帝造人"，引出"荷兰人造田"。通过这样很风趣的方式，学生们就把荷兰人围海造田的内容记牢了。时至今日，袁文伯还清晰记得，丁先生在上世界地理课时讲到法国和德国的关系，提到阿尔萨斯洛林，这一地区是一重要的工业区，矿产丰富，在历史上就是德国人和法国人争夺的目标。都德著名的《最后一课》写的事情就发生在这一地方。丁先生在讲世界地理的同时，也渗透了历史和政治。因而，他上的课非常引人入胜，同学们都很喜欢听，而袁文伯又是其中的佼佼者。丁先生的世界地理课启迪了少年袁文伯求知的兴趣，开阔了袁文伯看世界的视野，向学生们展示了一个丰富而有趣的世界。与此同时，丁洪范先生还是一位受过严谨的科学训练、具有理性精神并敢于坚持真理的学者，建国后体现的更为明显。

　　1934年，在袁贤能的举荐下，丁洪范先生来南开大学商学院任教，同时担任南开经济研究所的研究员。丁先生虽学历不高，但认真钻研，有独立见解，在南开颇有影响。与此同时，他还曾担任了在当时颇有影响的天津《大公报·经济周刊》的主编，在该刊物上发表很多文章，《经济周刊》对当时的经济界和经济学界影响很大。抗战时期，丁洪范从南开大学去重

---

① 袁贤能（1898-1983年），浙江天台人，著名的经济学家，纽约大学经济学博士。曾有"南马（寅初）北袁"之称。北袁指的就是袁贤能。著有《经济学》、《经济思想史导言》、《柏拉图的经济思想》、《亚里士多德的经济思想》、《亚当斯密前的经济思想史》，并有多篇重要论文散见各种杂志；抗战期间因抗日言行和拒绝出任伪职三次入狱，并创办私立天津达仁经济学院兼任院长，收留沦陷区拒绝与日军合作的学生。建国之初，主持南开大学经济学院的工作，不久渡江南下，任上海财经学院和杭州之江大学教授，后长期在对外经济贸易学院（今对外经济贸易大学）任教，译有《英国得自对外贸易的财富》、《对劳动的迫害及其救治方案：或强权时代与公理时代》、《人口原理》（合译），并有《中古时期经济思想》手稿，未刊稿。

庆任教，与著名的经济学家、人口学家、新中国成立后曾任北京大学校长的马寅初先生志同道合，一见如故。他们都主张开征临时财产税，把"上等人"和"上上等人"手中的不义之财征作抗战经费。他们的演说在社会上引起了强烈的反响，激怒了蒋介石等人，进而将马寅初先生软禁。马寅初在被软禁之前，当着很多人的面，把一本有关财产税的外文著作交给丁洪范，让他继续研究。

据袁文伯讲，丁洪范先生人非常聪明，写的文章很有见地并极富预见性。他在民国时期的很多预见，后来大都应验了，因此很多人都十分佩服他。但也因为名气大了，树大招风，反对他的人也不少。不过他和学生们的关系都非常好。1951年，袁文伯应招来到中国矿业学院任教。当时的中国矿业学院设在天津，二人因同是天台人，又同在天津工作，加之又有师生之谊，所以来往和交流较多，相处得很好。袁文伯同丁洪范的师生关系也演变为朋友关系，袁文伯后来随中国矿业学院搬迁至北京后，二人也有书信往来。丁洪范在南开的时候，对南开的天台籍同乡关照颇多，我们在做采集工程搜集资料时还搜到了丁先生当年给天台同乡照的照片。

丁洪范在南开主讲西方经济学课程，但他对马克思的经济学也颇有研究。在20世纪50、60年代，当时讲《资本论》，举的例子都是几头绵羊换几匹布，例子都不许改的。但丁先生根据自己对马克思主义的理解，连马克思的例子也敢改，这在当时环境下是大逆不道的事情；他还提出要"二马结婚"，就是使马克思的和马歇尔的经济学观点相结合，微观上用马歇尔经济学，宏观上用马克思主义的理论。因此，有人叫他"丁克思"。

丁洪范在南开时曾与当时南开大学的季陶达发生理论的上争执。季陶达是留苏的。他和丁洪范两人，一个是正牌的苏联留学生，一个是要发展马列主义，两个人都自认为自己理解的马克思主义是真正的马克思主义，因而吵得不可开交。这本来是一场学术争论，但在当时则演变为一场政治斗争。后来还是季陶达占了上峰，对丁洪范进行了批斗。最后，丁洪范被管制三年，两条罪状，其中之一就是他主张资产阶级经济学，说"技术部分还有可取之处"；还有一条罪状就是他坚持说"真理的标准只能是实践，不能是一家之言"。1957年整风运动期间，他在《人民日报》上发表《反对百家争鸣中的教条主义思想作风和方法》的文章。主张在争鸣中不能用教条主义的思想方法，要有科学的分析，充分的说服力，不能根据经典作家的一句话作为根据来判明真理，检验真理的唯一标准是实践。现在看来，丁洪范先生的思想是超越于时代的，其作为知识分子的独立性是十分难能可贵的，其坚持真理、敢于直言的科学精神直到今天都值得我们认真学习！袁文伯十分敬佩丁先生这种不畏强权、坚持真理的精神，其科学精神也内化为其终身所践行的基本原则！

"文化大革命"中，丁洪范先生因仗义直言遭受了不公正的待遇。即使如此他依然说："批判我，斗我，什么都可以，就是把我打成反革命也没关系。但客观事实就是如此"。由此可见，丁先生的治学精神就是"不唯书、不唯上、只唯实"，丁先生做人和治学的这种精神，其本质是一种追求真理的科学精神。袁文伯也深受其老师的这种精神的影响，并将其渗透于科学研究之中。

初中时对袁文伯影响比较大的另一位老师是施督辉先生[1]。施先生毕业于当时赫赫有名的南京高等师范，袁文伯在天台中学读书时，施先生任天台中学的校长[2]。施先生在任期间，实施了一系列的教育改革，改学生会为学生自治

图 2-1　袁文伯初中时的英文老师施督辉

---

[1] 施督辉（1899年-1977年），字云卿。天台城关人。毕业于国立南京高等师范（简称南高师）历任国立东南大学、上海商科大学讲师、副教授，上海人寿保险公司翻译，商务印书馆英文部特约编辑，浙江省立第六中学英文教员，福建集美商业学校教务主任等职。自民国三十二年后，相继任天台中学英语教员、浙江省天台简易师范、绍兴中学教导主任等职。新中国建立后，被选为天台县第一、二、三、四、五、六届人民代表。1956年起为第一、二届浙江省政协特邀代表。主要著述有：《货币通货学精义》、《英文前置词用法大全》、《英文前置词和前置词短语之用法》、《综合英语名法文典大全》等书。

[2] 1929年（民国十八年）2月到1935年（民国二十四年）7月，施督辉任天台县立初级中学校长。

会，增聘教员，成立校务委员会，设校长办公处、教务处、训育处、体育处、事务处等机构，还制订《天台中学校章》17章92条；并添置了理化仪器、体育器械及风琴、图书等。

尽管施先生本人学的是商科，但因英文比较好，所以在天台中学教授英文。中

图 2-2 浙江省教育厅给施督辉颁发的"教员检定合格证"

学时，袁文伯的英文学习和经济学的一些知识都受益于施先生的影响。袁文伯初小时，英文学得并不好，但到了初中以后，在施先生的指导下，加之学习勤奋，英语有了很大的长进。施先生的英文课教得好一个主要的原因是语法讲得透彻，句子结构分析得清楚。把句子结构搞清楚了，英文书

图 2-3 袁文伯在天台中学的初中毕业照（二排右一为袁文伯，前排左七为施督辉，时任天台中学校长，前排右三为丁洪范。资料来源：天台中学校史网）

第二章 求学历程　19

自然就能够很好地理解了。经过施先生的调教，袁文伯的英文阅读能力得到很大的提高，甚至影响到袁后来学习德语和俄语，他也是运用施先生所授的这套方法来学习的。初中时，袁文伯阅读了大量英文版的物理、数学之类的原版教材，甚至超前学习了高中的英文教材，在数理方面奠定了浓厚的学习兴趣和较为扎实的基础。除了英文学习外，袁文伯还从施先生那里获得了很多经济学方面的知识。诸如货币的本质、货币的作用等方面的经济学启蒙都受益于施先生。袁文伯初中毕业后去杭高和交大读书的时候，每年寒暑假都要到施先生家里去拜访。施先生与袁文伯的叔叔袁肃臣二人私交也甚好。袁文伯大学毕业后在天台中学执教的短暂岁月里，施先生恰好担任天台中学的校长，昔日的师生又成为同事。1938年8月，两人又同去上海私立大公职业学校任教，施先生出任大公学校的副校长，袁文伯任大公学校土木系的教员，二人又再度成为同事，他们这种亦师亦友的关系维持了多年。

丁洪范先生和施督辉先生给予初中时代的袁文伯的影响是深刻而直接的，这种人性的关怀可以说是袁文伯在后来的求学历程中少有的，后来的杭高读书以及交大求学由于学业竞争上的加剧以及当时学校管理方式等方面的原因，更多的老师不是给予学生以人性的关怀以及近距离的指导，尽管从学业成长上来讲更为重要，但却缺少了近距离的关爱以及持续的交往，因而对袁文伯人生的影响力就不是那么地感同身受了。

杭 高 读 书

1930年9月，袁文伯考上了当时在江浙一带赫赫有名的浙江省立高级中学。即后来的浙江省杭州高级中学，简称杭高。作为浙江省内规模最大的高中，杭州高级中学在经费、师资、校舍、仪器设备、图书资料等诸多方面的条件堪称优越，成为东南各省初中毕业生竞相投考的首要目标。由于历届新生素质较好，在校又经良师悉心培育，杭州高级中学的毕业生后来成为我国科技界、教育界之泰山北斗者众多。

20世纪30年代，杭州高级中学与上海中学、苏州中学、扬州中学并称为江浙四大名中，名闻遐迩。国内第一流大学的新生录取率，杭高名列前茅。浙省各地的初中毕业生大多把杭高作为升学第一目标，入学考试和学校学习竞争都非常激烈。

杭高所在地——杭州贡院，是清代科举浙省考试举人的场所，地址甚为广大。科举被废除后，这里为兴办新学进行改建。杭高起源于养正书塾与浙江两级师范，经杭州府中、省立一中与省立一师、省立高中、省立杭高之改制嬗变，是浙江省最早的公立中学，也是浙江省新文化运动的中心，至今已历百年。百年杭高，涌现出一代又一代推动近现代中国发展进步的卓越人才。如陈叔通、沈钧儒、鲁迅、经亨颐、李叔同、夏丏尊、陈望道、马叙伦、朱自清、叶圣陶、蒋梦麟、崔东伯等名家云集，光耀教坛。莘莘学子英才辈出：成为革命志士的有俞秀松、施存统、汪寿华、梁柏台、金甲武等；成为文化名流的有徐志摩、郁达夫、丰子恺、潘天寿、曹聚仁、柔石、冯雪峰、金庸、刘吉、张抗抗等；成为科技精英的有姜立夫、陈建功、徐匡迪等46位院士，更有以蒋筑英为代表的众多科技骨干。袁文伯也是杭高精英中的一分子。

1929年，在袁文伯入杭高的前一年，省立中学的高中部与省立高级商科等校合并，浙高分设普通（文、理）科、商科、师范科，校长由当时的教育部部长、浙江大学校长蒋梦麟兼任，但实际负责人为林晓。规模的扩大、等级的升高，为学校办学走向新的辉煌奠定了坚实的基础。

1929年5月17日，根据当时浙江省府第226次会议决定实行高初中分界以提高中学程度，又将原来的省一中之一部、二部的高中部、省二中的高中部及省高商三所学校合并成一所；据原省一中一部校友俞履德回忆，省三中（在湖州）、四中（在宁波）、五中（在绍兴）、八中（在衢州）的高中部都合并过来，在贡院改组成为全省唯一的大型高中，称做"浙江省立高级中学"（简称"浙高"），为浙江中等学校之实验学校。①。最初浙高分文科、理科、师范科和商科，1930年秋，也就是袁文伯进入浙高后，

---

① 参见杭高校史。

图 2-4　袁文伯高中时的学校——浙江省立高级中学（该校为浙江省最早的省立中学，后来简称为"杭高"）

图 2-5　三十年代的浙高校园

学校开始不分文理科，而是统称为普通科。浙高组成时，全校共 27 个班，634 人，教职员 111 人，是浙江省规模最大的中学，也是浙江省唯一的大型高中。"九一八"和"一二八"事变后，又接纳了东北和上海战区的学生，人数增加到 700 多人。改称"浙高"后，该校真正实行了男女同校，也可以说是开风化之先，但当时社交风气未开，几乎所有男同学与女同学虽然同班三年，却少有交谈，甚至坐前后排也很少说话。尽管也有个别写情书的事情发生，但那也只是极个别之事。

据与袁文伯同年（1930 年）入杭高的校友周钦贤回忆[①]，当时杭高的校长是林晓，其前是蒋梦麟兼任校长。1930 年 6 月，刚好在袁文伯入学之前，蒋梦麟调教育部任部长。林晓之后的校长为叶溯中。当时杭高的师资优异，教师教学都非常认真。杭高的老师大多是 30 岁以上有多年教学经验的老师，又大都是北大、北高师或南高师的毕业生，后来许多人转为大学任教。教国文的是彭啸咸，教英文的是蒋孟起，教数学的是梅祖荫、教物理的是瞿渭、教生物的是潘锡九，教党义的是王冠青，教务主任为陈博

[①] 参见浙江省杭州高级中学 80 周年校庆纪念册——《白头宫女说玄宗》。

文，训导主任为刘子行，军训教官为沈天翔，助教为黄英荟。另外还有一位与学生们日常接触最多的是门房高金生先生，他每晚到自修室分发函件时，总是倚老卖老，直呼同学之名，只有到阴历过年时，才在名字后加一个"君"字。

教生物的潘锡九① 老师是日本帝国大学的毕业生，对达尔文的进化论、施旺、施莱登的概念以及植物的结构生理，讲解得十分清楚。当时一届有6个班级，生物课由潘老师一人承担，他教课非常娴熟，他在黑板上写的字，一字一句十分清楚易记，而最令人感叹不止的是他掌握时间的精度，上课铃刚刚打响，他就开始讲解，最后一个字刚讲完，下课铃便打响，丝毫不差。这充分说明他备课极为严格认真。对于考试也是如此，却又要求别致。有一次一位同学为求得好成绩，起早摸黑地把潘老师的笔记记得很熟，考试时五道题答得都不错，自己估计至少可得80分，甚至更高些。但当宣布成绩时却只得57分。潘老师解释说，五题中有一题回答是全对的，可以得20分，然而只给了零分，因为答卷中有"如上所述"一语，说明该同学只知死记硬背，自己没有消化吸收，没有给分是对死记硬背不自己消化的惩罚。

袁文伯在杭高时的物理老师瞿渭② 是一位严师，每周都要举行一次小

图2-6　杭高读书时的袁文伯（1933年春摄于杭州活佛相馆）

---

① 潘锡九，字寄群，浙江省诸暨市枫桥区视北乡潘家坞（今属阮市镇）人。1923年（民国十二年年）毕业于浙江第一师范学校，后留学日本，回国后曾任县参议员。抗日战争时期任省立绍兴中学校长。1945年后，调杭州第一中学（杭高）任校长，浙江师范学院教授及浙江博物馆馆长。编有《人类遗传学》，译《万有文库》等。

② 瞿渭（1900-1972），男，汉族，江苏南通人。教授，电力工程专家。1926年毕业于上海交通大学，毕业后曾在京绥铁路局任职。1928年至1948年先后在南通大学、杭州高级中学、南通中学、英士大学、北洋大学工学院任讲师、副教授、教授、总务长、教务主任等职。1946年在英国伦敦大学帝国学院学习并进行研究工作，获硕士学位。1952年任上海交通大学教授、教研室主任、图书馆馆长。1955年任北京航空学院教授、教研室主任和基础课委员会主任。

第二章　求学历程　23

测验，常常是离下课前几分钟出个题目测验一下。瞿渭先生是上海交大电机系毕业的，同原中央宣传部部长陆定一是同班同学。瞿先生对袁文伯的影响很大，特别是在物理学习上。瞿先生当时恰好在杭高教物理，尽管他本人不是学物理的，但物理课也同样教得也很好。袁文伯高中时的物理课曾有两位老师教过。第一位物理老师是学物理专业的，上课时用了一本英文书 Practical Physics，书比较实用，但理论上浅一点。当时的杭高非常重视理科教育，对学生的培养也主要是针对理科。袁文伯当时心中的目标就是报考上海交大。二年级时因为觉得物理修的不够好，又重新修了一次，这次重修正赶上是瞿渭老师教他们物理课。瞿老师的物理课启发了袁文伯对物理学习的兴趣，物理成绩得到了很大的提升。物理学是最为典型的自然科学学科，物理课程的训练是培养科学理性精神的最佳途径。瞿渭老师的物理课使得袁文伯在高中时代就受到了物理学的启蒙和较为严谨的科学思维训练。按理说，第一位物理老师应该教得更好一点，因为他是学物理专业的。瞿渭老师同那位老师不同，他使用了另外一本教科书。上课时，瞿老师说过，针对考交大，这些题目能做出来，就能考取交大，如果不清楚，去浙大还可以，交大就去不了[①]。瞿渭不仅是袁文伯在杭高时的老师，而且后来又成为其在英士大学和北洋工学院的同事，共同经历了英士大学艰苦的流亡岁月。新中国成立后，两人又相继来到北京工作，一个在北京航空学院，一个在北京矿业学院，相距不远。瞿渭成为袁文伯成长过程中又一位亦师亦友的老师，二人维持了近半个世纪的情谊。当时杭高的同学们大多住校，没有走读的。从一斋到五斋，楼下是自修室，楼上是寝室。早晨起床以后，寝室门就上锁了。中、晚餐很短时间开放一下，一般要到晚自修下课，寝室才开放。每天早晨天一亮就升旗早操、跑步。早操以后回到自修室时，同学们就能喝到热的牛奶或豆浆，那是校外牛奶店和豆浆店派专人送来的。豆浆很便宜，半磅只要两个铜板，所以几乎所有同学都订豆浆，少数经济宽裕的同学，也有订牛奶的。当时同学们生活都非常俭朴，很少有人穿西装皮鞋。即使有些同学来自富有之家，也不乱花

---

① 当时上海交大的声誉远在浙江大学之上，此部分内容据袁文伯先生访谈录音整理。

图 2-7　杭高一进（当年杭高从一斋到五斋，楼下是自修室，楼上是寝室。资料来源：杭高网站）

钱摆阔，这是因为一般老一辈的多节俭成性，教导子女亦然，高中时代的袁文伯亦是如此，过着俭朴而勤奋的学生生活，求学求知是其最主要的追求。

当时杭高的教学偏重数理，所用的教材均高于教育部的规定，课本采用当时世界上最先进的英文本范氏大代数、斯盖二氏解析几何、谈明化学等，还把大学的微积分等一些课程放到高中学。据袁文伯回忆，高中时用的课本多是英文书，甚至是一些英文原版的教材，如 Duff 的物理学，，就是大学一年级的课本。当时的英文课本为 *The New China*[①]，有时也选读 *The China Critic*[②] 上的文章，不但藉此学习英文，而且同时也启发学生关心时

[①] 民国时期发行的一部英文版杂志。
[②] 《中国评论周报》(*The China Critic*，1928-1946) 是由归国留学生主持的英文周刊，是一份在现代思想史、中西文化交流史上都十分重要的刊物。协调"民族主义"与"世界主义"、致力于中国与世界之间的沟通与理解，是周刊追求的目标。周刊文化评判的标准则是双重的，既以西方的标准评判中国文化，也以中国的标准检视西方文化。首任主编是哈佛大学毕业生张歆海，刘大钧、桂中枢也先后担任主编，参与编辑的有潘光旦、全增嘏、林语堂、钱钟书等知名学者。

第二章　求学历程

事，培养爱国意识。

在杭高时期，学校提倡埋头读书，钻研功课。考试极为严格，升留级关口把得严，学生学习勤奋，不少学生早晨四时起床，秉烛晨读。当时，杭州高中流行的一句话："要科学救国，必须学工科，学工科考上海交大。"杭高学生考上海交通大学、北京大学和清华大学很多，录取率超过上海中学、苏州中学和扬州中学三所全国名中。

上海交大是当时江浙一带学子首屈一指的目标，这不仅因为上海交大是当时国内最著名的工科学府，而且由于其隶属于民国政府的铁道部，学生毕业后一般都分配到铁路系统工作。因此，一般青年及家长都以报考上海交大为荣。尽管考试的竞争非常激烈，每年报考的人数依然很多。能被录取者只是凤毛麟角，大约录取率在10%—20%之间。例如，1925年大学部招收新生，报名300人，录取54人，录取率是18%；1936年报名者多达1778人，当年只录取181人，录取率约为10%。这在那个教育、资讯和交通都不是很发达的年代，竞争之激烈是显而易见的。

1933年，袁文伯报考了上海交通大学和浙江大学土木系，都被录取。因交大名声更大些，就选择了交大。当年杭高同学考取上海交大的人数很多，大约有18人左右，是当时考取交大人数较多的中学之一。当年考取土木学院的就有周忠钫、姚传甲、陈民三、章昌燕和袁文伯五人，考取其他院系有李守震、蔡驹[①]、马少驷、魏重庆、姚诵尧、吴祖垲、王子仁[②]、刘培德[③]等。这些杭高校友，又成了交大同学，他们后来都在自己的工作岗位上做出了不凡的成就，成为中国社会的栋梁之材，也成为袁文伯交往一生的朋友。

[①] 当年是交大1933级级长，毕业后留学法国，在巴黎大学研究宇宙射线，业绩卓著。据说当年巴黎大学曾拟为其申请诺贝尔奖，参见《交通大学1937届级友通讯》之《杰出人才——蔡驹》，作者为乌奉先。

[②] 交通大学1937届校友。原国防部五院下属火箭研究院火箭发动机实验站副站长。

[③] 刘培德（1918-），福建省福州人，1937年毕业于交通大学电机系。1946年到英国曼彻斯特大学从事研究工作。1949年回国后历任大连工学院教授，华侨大学副校长等职。长期从事"金属切削原理及刀具"教学与科研工作，领导完成LH861型石材锯机的设计。编有《金属切削原理》等著作。

交大岁月

  1933年，袁文伯考取了上海交通大学。上海交大可以说是近代中国工业化的肇始地。作为中国近代历史最悠久、规模最大、从没有间断的唯一的工科大学，交通大学为中国的工业革命提供了人力资源的基础。新中国成立之前，中国几乎所有有标志性意义的工业产品，几乎都是由交大人率先引入中国或者同交大有关。如果说北大是中国20世纪变革的精神动力，那么交大就是中国工业化的物质力量。

  从南京国民政府成立到抗战爆发的10年，由于政局的相对稳定、主校人员的勤勉、办学经费的充裕，交大的发展渐入佳境，步入了老上海交通大学发展的黄金时期。这一时期交大在院系规模、师资力量、教学水平、设备条件等方面，都达到了前所未有的高度。袁文伯在上海交通大学读书的四年，从1933年8月直到1937年7月，正值上海交通大学发展的黄金时代。由于隶属于当时的铁道部，可以说是国内办学条件最好的学校

图 2-8　1936年时的上海交大全景图（资料来源：《上海交通大学纪事》，上海交通大学出版社）

第二章　求学历程

之一，同时也是国内最有影响力的工科大学，在国际上也极富盛名，素有"东方MIT①"之美誉。

首先，通过交大的入学考试是不容易的，不仅题量大，而且难度也大，一考就是3天。考生上考场如同上战场，精神高度紧张。交大比袁文伯晚两届（1939届）的校友（1935年入学）傅景常②曾对当年亲身经历的交大入学考试记忆犹新，我们从中也可以感受到袁文伯当年的经历。

> 第一场考化学，限三小时交卷。题目之多，连数都数不清。每一大题下有很多小题，而小题并不小，内容非常复杂。奋笔疾书，只有写的时间，没有想的时间，更没有稍停休息的时间……考场肃静无声，只听到钢笔沙沙地响。偌大的考场，坐了黑压压的满场考生，此时如有银针坠地，或许也可听到声音。收卷之后，肃静而退，秩序井然。一出考场，莫不唉声叹气："完了！完了！"下一场是物理，又是三小时。物理的计算题很复杂，题目本身就占了半张考卷，都是拐弯抹角的难题，熟读物理课本是毫无用处的。次日又考了英语、数学。第三日又考国文，都是三小时，也觉不易……三天考下来，精疲力竭，叫苦连天，自觉自讨苦吃。

其次，交大的学习也实属不易。当时交大用的都是MIT和哈佛的教材。1935年秋，当年轻的钱学森来到美国麻省理工学院航空工程系学习时，发现上海交大的课程同麻省理工学院的课程完全一样，甚至连实验课的内容也都一样。上海交大把MIT搬到中国来了！1934年10月，留美南洋同学会函告母校说，在麻省理工学院、康奈尔大学、伊利诺大学、密西根大学等院校的交大同学，成绩无不出人头地，教授对于交大同学之称誉，实远在其他各校之上。当年，1940届毕业生王安去美国哈佛时，由于战乱没能带上交大毕业证书和成绩单，但当知道他是交大毕业的，哈佛大学就破格录取了他。由此可见说，上海交大当时的本科教学是世界先进水平的，并且得到了社会各界的广泛承认。正如1930年，在黎照寰任交大校长的

---

① MIT即麻省理工学院。

② 傅景常也是杭高校友。

就职仪式上,国民政府代表、上海市市长张群所说,"交大的地位,在中国可谓首屈一指的,而且是唯一的工业教育学府,在外国人看来,仿佛就是英国的剑桥、美国的麻省理工学院。"这一时期的上海交大无论是从办学理念、教学管理,还是从学生培养、社会影响等方面都如日中天。科技救国理念、良好的大学氛围,严格的教学管理和学生培养,使袁文伯接受了良好的大学教育,为其后来的学术成长奠定了坚实的基础。

实业救国理念之形成

1936年4月,交通大学校庆40周年。前校长叶恭绰[①]著文《交通大学四十周年纪念感想》。其文曰:"交大学生潜心努力,有爱国不忘求学,求学不忘爱国之风;在国立大学之中非特为东南各校所景仰,隐隐然可为全国之楷模[②]。"交大学子素以埋首书斋、学业精深出名,这其中潜藏着一颗颗志在"科工救国"、"实业兴邦"的拳拳爱国之心。禀承并极力宣扬这一理念的就是当时的交大校长——黎照寰。

图2-9 上海交大校徽

1934年,著名教育家刘湛恩[③]赴欧美各国考察教育时,一些关心中国

---

① 叶恭绰(1881年-1968年)字裕甫(玉甫、玉虎、玉父),又字誉虎,号遐庵,晚年别署矩园,室名"宣室"。广东番禺人。书画家、收藏家、政治活动家。交通系成员之一。出身书香门第,祖父叶衍兰(兰台)金石、书、画均闻名于时。父叶佩含诗、书、文俱佳。早年毕业于京师大学堂仕学馆,后留学日本。留日时加入孙中山领导的同盟会。曾任北洋政府交通总长、孙中山广州国民政府财政部长、南京国民政府铁道部长。1927年出任北京大学国学馆馆长。中华人民共和国建国后,曾任中央文史馆副馆长、第二届中国政协常委。

② 叶恭绰:《交通大学四十周年纪念感想》(1936年),《交通大学校史资料选编》(第二卷),西方交通大学出版社,1986年版,第80页。

③ 刘湛恩(1895-1938),湖北阳新人。1918年赴美留学,先后入芝加哥大学、哥伦比亚大学,获哲学博士学位。1922年回国,在南京东南大学、上海大夏大学和光华大学执教,1928年起任上海沪江大学校长。九一八事变后,积极参加抗日救亡运动,被推为上海各界救亡协会主席。1938年南京伪维新政府成立,拒绝出任教育部部长,同年4月7日在上海遭日伪暴徒狙击而殉难。

高等教育的美国人士就问他:"中国的工科大学以哪所最好?"刘湛恩不加思索地回答道:"你们美国有 MIT,我们有交通大学。你们办教育的人,是希望以后能够转入政界;我们这位交通大学的校长是有官不做,辞去了铁道部次长,而来专心办学的①。"

刘湛恩所说的这位舍弃仕途、专志办学的大学校长就是从 1929 年始任交大校长,直到 1942 年汪伪政权接管交大时离职,主政交大长达 13 年之久的交大校长黎照寰。

黎照寰早年在美留学期间结识孙中山先生并加入同盟会,投身革命活动,一度充任孙中山的秘书,后来也是孙中山儿子孙科的挚友。1927 年,黎照寰任交通部铁道处长、财政部参事铁道部常务次长。1930 年 10 月辞却铁道部常务次长之职,专任交通大学校长职务。如果说交大的初创和发展与盛宣怀②、唐文治③等紧密联系在一起,建国前交大的鼎盛时期却是与黎照寰的励精图治分不开的。

黎照寰在担任交大校长期间,工作兢兢业业,做事身体力行,对学校的发展和人才的培养作出了巨大的贡献。从

图 2-10 袁文伯在交大读书时的校长黎照寰(1949 年成为袁文伯在之江大学的同事)

---

① 《刘湛恩先生之演讲》,载《交大三日刊》,1934 年 3 月 21 日。

② 盛宣怀(1844—1916),出生于江苏常州府武进县龙溪,逝世於上海,字杏荪、幼勖等,清末的一个政治家、企业家和福利事业家,官僚买办。他不仅是中国近代民族工业和洋务运动的开拓者与奠基人,更是中国近代工业史和洋务运动史的缩影。1895 年创办中国第一所正规大学——北洋大学堂,1897 年在南洋公学首开师范班,这是中国第一所正规高等师范学堂,是上海交大的前身。

③ 唐文治(1865—1954),字颖侯,号蔚芝,晚号茹经,清同治四年(1865 年)十月十六日生,原籍江苏太仓,民国元年(1912 年)定居无锡。父亲唐若钦为清贡生,以课徒教书为业。唐文治自幼从父攻读经书,14 岁读完五经。16 岁入州学,从太仓理学家王紫翔,潜心研读性理之学及古文辞。18 岁中举。21 岁进江阴南菁书院,受业于东南经学大师黄元同和王先谦的门下,从事训诂之学。光绪三十三年八月,唐文治就任邮传部上海高等实业学堂(今上海交通大学前身)监督(校长)。在校任职 14 年,精心擘划,成绩卓著。

1929年黎照寰出任交大校长到抗战前夕，黎照寰领导的交通大学迅速成为一所理工管结合的国内外知名大学，他执校的这段时期被广大校友称为建国前交通大学的"黄金时期"。

黎照寰自幼接受新式教育，留美期间更是深受西方自由主义思想的熏陶，追求民主科学、思想自由，并以科学救国、实业兴邦为己任。黎照寰在美期间就参加了中国科学社[①]，参与组建中国经济问题研究会。归国后，追随孙中山参加反帝反封建的民主革命活动，信奉孙中山的建国方略，加之长期在作为实业的交通部门任职的经历，使其在交大的日常管理和学生教育中极力推崇实业救国理念。

黎照寰认为，清末以来，中国尝试了武力救国、政治救国、思想救国等多种方式，但都未能救中国于水火，因此唯有精研科学、振兴工业，才能"外抗强敌，内裕民生"。而要实现科学救国或实业救国，从根本上说，其关键在于培养人才。北伐的成功，全国形式上的统一，为其实施实业救国计划提供了大好时机，到交通大学任职更为其提供了一个大显身手、一展宏图的舞台。黎照寰认为交通大学是当时国内唯一且是最高的工业学府，造就工程、管理人才，是其当仁不让的使命。这些专才是北伐统一后"新中国"的建设者，是实现铁道部建设计划的关键。掌校之初，在孙科的支持下，黎照寰制定了人才培养十年规划，约计培养工程、管理及科学方面的高级人才2800名。在其随后主持制定的《交通大学规章》中，规定了"养成三民主义化之交通建设专才"的宗旨。这条宗旨贯穿于黎照寰执校的十数年，并对交大学子产生了深刻的影响，许多交大学子禀承实业救国的理念，认真读书，刻苦钻研，时刻准备着报效国家。受校长黎照寰的影响，实业救国、科技强国的理念深深地植入了袁文伯的心田，并成为其一生执着的追求。

袁文伯在上海交大求学期间，黎校长是学生心目中仰之弥高的大人物。许多学生都没有同校长近距离接触的机会，甚至拜见校长都需要事

[①] 中国科学社，原名科学社，是由留学美国康乃尔大学的中国学生赵元任、任鸿隽、杨铨等在1915年发起成立的民间学术团体，以"联络同志、研究学术，以共图中国科学之发达"为宗旨。1918年迁回国内，1959年停止活动，在中国现代科学文化的发展中，中国科学社贡献颇大。

先约见。一般只是在两周一次的国父纪念周会上远远地听他训话。袁文伯印象中的黎校长，中等身材，西装笔挺，白净的方脸，乌黑的头发，天庭饱满，意气风发，架着宽边眼镜，用广东乡音国语发言，声音洪亮，略带转折的鼻音。据说他是中央级大员群中仅有的未婚高官，年轻英俊，周身帅气，是当时上海滩十里洋场众多闺秀群芳的偶像[①]。据袁文伯回忆，黎校长当时在交大很有威信，一言九鼎，令行禁止。后来因其威望高，又是基督徒，被聘为之江大学（见后关于之江大学注）校长，恰逢后来袁文伯也受聘于之江大学（1949—1951年），二人成为同事，有了更多的接触。据袁文伯回忆，在之江时，他曾经听到黎照寰亲口说过，黎当时去北京开会，与周恩来总理谈到，为把之江大学办好，他可以到美国去游说募捐。但在当时复杂的国际环境下，周总理劝说他别把希望寄托在美国人身上。

名师执教

上海交通大学经过1920年代初期的改组，完成了向现代大学制度的转变。20世纪20年代末，由于新设铁道部的重视，使得交大教师的人数和质量都得到很大程度的提高。1929年，全校共有教师103人，其中教授（包括副教授）33人，除了国文教授外，均是留学归国人员。1936年教师增加到188人，其中教授70人，教授中出国留学者有55人之多。这些教授大都留学美国和欧洲，获得过理工类硕士或博士学位，学有专长，业有所精，崇尚实业救国。他们深受教育救国论的影响，将先进的教学理念和管理方法融入教学实践当中，希望早日培养出一代专才，发展民族工业，振兴国家。因此，在教学工作中，则表现为认真教书，严谨治学。

"工程学问，非佐以数理，不能深造"。老上海交大在教学过程中，十分注重加强数理化为主的基础理论课程体系。1930年将数、理化三系扩充为科学院。科学学院成立以后，理科教学得到空前的加强。1936年，包括

[①]【美】胡声求：我与交通大学的因缘际会。见：《思源湖——上海交通大学百年故事撷英》，上海交通大学出版社，2006年版。

数理化及国文、英文在内的公共基础课，约占土木工程学院课程的25%，电机工程学院的32%，机械工程学院的36%。加上各专业基础课，合计基础课约占管理学院课程的60%，各工程学院的50%[①]；也就是说，学生在校4年有一半时间用于打下坚实的自然科学和专业基础。重视以数理化为主的基础课和基本技能的教学，是学校贯彻通识教育的重要举措，也是当时交大主要的教学特色，这种教育方式不仅给交大学子打下了坚实的理论基础，同时也受到了严谨的科学思维的训练，实证和理性精神深深地植入到交大学子的头脑和思维当中。

在基础课理论课中，胡敦复、周铭、徐名材三位教授主讲的数、理、化三门课，是工科最重要的基础课程，因这3门课难度较大，被许多交大学生称为"霸王课"。这实际上与当时学校管理者的教育理念相关。1933年2月，当时交大的科学院院长裘维裕撰文《科学思想的训练应当是大学的使命》，刊于《交大季刊》第十期（科学号）。该文认为"大学的使命，并不是教学生吃饭的本领，或者解决学生的出路问题。大学的使命，是要养成一种人格，训练一种相当的科学思想。有了这种训练，（学生）毕业后无论做什么工作，就都可以担负，都可以胜任。"文章还要求学生树立重视学习物理、数学、化学等基本学科的思想，"有了这种思想，可以接受用数学、物理及力学的基本原理解决各种问题的训练[②]"。这种理念本身是有道理的，并且一定程度上也在老上海交大学生的身上得以印证。

图2-11 上海交大物理系和理学院缔造者物理学家、教育家裘维裕先生

微积分是理工各系的公共课，袁文伯在交大的数学课是由胡敦复先

---

① 上海交通大学校史研究专著系列《三个世纪的跨越——从南洋公学到上海交通大学》。上海交通大学出版社，第129页。

② 参见《上海交通大学纪事》（1896-2005）。

第二章 求学历程

善度事理的世纪师者　袁文伯传

图 2-12　著名数学教育家、大同大学创办人、袁文伯在交大时的数学老师胡敦复

生[①]主讲的。在1930—1935年间，胡敦复担任交大数学系主任，教授微积分课程。微积分本身并不算难学，而胡老师之所教并不单单是算法，而是高于算法之上，传达着严谨求实的科学精神，这比单纯数学知识的传递更为重要，这是数学中的"形而上"和"形而下"之分。据一位与袁文伯同届的37届校友、后来旅居英国的交大校友许道经回忆[②]，在一次上数学课的时候，当有一个同学发问时说到"dy over dx……"，话没说完，胡老师便厉声道："怎么dy over dx？倘使dy over dx，那d何以不消？"dy over dx代表极限，不得拆开，这是当时明白的道理。但教育不只在于明理，而且旨在传情。这里的师徒之间相授受者有甚于微积分，所授者是数学中基本思想以及科学不容苟且的治学态度和科学精神。老师所教的微积分是小

---

① 胡敦复（1886.3.19-1978）无锡人、早年在南洋公学、震旦学院、复旦公学学习。光绪三十年赴美留学，在康奈尔大学哲学系攻天文学、数学，3年后获博士学位。清宣统元年（1909年）回国后任清华学堂教务长，宣统三年回沪创办大同学院，后改为大同大学。这是民国以来第一所私人创办的大学，被称为"中国第一流教育家"，与弟明复、刚复齐名，三兄弟都是留美的博士，"一门三博士"，胡氏兄弟在20世纪上半叶中国科技、教育领域成就卓著。胡敦复是老大，老二是胡刚复，老三是胡明复。其中胡明复，数学家。中国以攻读数学在国外获得博士学位的第一人。他与一批中国留美学生创建了中国最早的综合性科学团体——中国科学社和最早的综合性科学杂志——《科学》。1927年6月12日，在无锡溺水身亡，时年仅36岁。1930年秋，上海交通大学成立科学学院，扩充了数学系，胡敦复早年的学生黎照寰任交通大学校长，聘请胡敦复任该校数学系主任，他担任这一职务直到1945年，长达15年之久。上海解放前夕，胡敦复去台湾，意图在那里恢复大同大学，结果未能如愿。后应美国华盛顿州立大学之聘，赴美国西雅图出任客座教授。1961年冬退休。1978年12月1日，因心肌梗塞在西雅图逝世，享年92岁。另注，胡刚复（1892-1966），实验物理学家、物理教育家。早年留学哈佛大学，攻读物理学，获博士学位后回国。在1931-1936年任上海交通大学教授，教授物理学，同时还兼任大同大学教授及理学院、工学院院长、校长等职。

② 旅居英国的上海交大1937届校友许道经写的回忆文章《三位恩师的启迪》，选自朱隆泉主编的《思源湖——上海交通大学百年故事撷英》，上海交通大学出版社，2006年版。

事，但受益终身的是使其懂得了"概念要清楚"、"治学要严谨"的科学大义。毕业后，许多交大校友，走向了不同的行业和不同的岗位，但是胡老师的"概念要清楚"、"治学不容苟且"的教育却使他们终身受益。的确，数学的好处并不单在懂得数学，科学训练的好处也不仅是科学知识本身。其好处在于深处求解之上者，其实质是一种科学精神和理性精神的体现。据说胡敦复讲课时[①]，推理性强，板书整齐清楚，黑板上写满了公式，指指点点，跳来跳去，热了脱下马褂，解开衣领，非说得清清楚楚不可。当时不明白，remainder theorem[②]的证明太长，考试题目来不及，何以如此吃力不肯放手。事过境迁之后才明白过来，其所教的有甚于 remainder theorem 者，"为学绝不可苟且"也[③]。袁文伯从交大的数学课上，学到了这种严谨求实的科学精神，为其一生的工作和治学奠定了坚实的基础。

当时，交大的各个工程专业如土木、电机的课程中，物理课和物理实验课程是理工科各系的重要课程之一，因课程较难且教师要求严格，被学生们称为"霸王课"。物理课一般都是每周4节，上4个学期，二年共256学时。课堂讲授皆用英文，理工各系均以小班上课，每班约40人，课后以自学为主，不设辅导，考试前亦不设专人答疑，学生做好习题后交老师盖章发还。

当时物理课的课程内容非常丰富，并不断更新以结合工程实际。一年级讲授力学、物性学和热学；二年级讲授电学和光学，当时有关原子物理的内容很少。袁文伯在交大时的物理课，一年级是由贾存鉴老师主讲，二年级由赵富鑫[④]老师主讲，他们都是裘维裕的得意门生。两人当时都是讲

---

① 据交大1940届校友傅浙生回忆，胡敦复经常戴墨镜上课，头发长而一直不理，过年时请理发员到家里来，理发工具全部消毒后使用。参见朱隆泉主编的《思源湖——上海交通大学百年故事撷英》之《名师轶事》，上海交通大学出版社，2006年版。

② 又称余式定理、余数定理和剩余定理。初等代数中的一条重要定理。即多项式 $f(x)$ 除以 $x-a$ 所得的余式等于这个多项式当 $x=a$ 时的值 $f(a)$。

③ 旅居英国的上海交大1937届校友许道经写的回忆文章《三位恩师的启迪》，选自朱隆泉主编的《思源湖——上海交通大学百年故事撷英》，上海交通大学出版社，2006年版。

④ 赵富鑫（1904-1999），男，江苏上海县（今上海市）三林镇人。1924年毕业于上海交通大学电机系，后留校任教。他是我国大学自行培养的教授之一。历任交通大学物理系教授、物理教研室主任。交大西迁后，任西安交通大学教授、数理力学系主任、图书馆馆长、校务委员。历任中国物理学会第三届理事会理事，中国太阳能学会第一届常务理事，山西省物理学会历届副理事长，陕西省科协第二届委员，九三学社中央参议员等。

图 2-13 袁文伯大学时的物理实验老师周铭

师,教学内容、进度都由裘维裕裁定。贾存鉴老师的课上得很好,但后来由于他写报告给院长,申请升为副教授,没有被批准。贾老师一怒之下离开了交大,到铁路部门工作去了。赵富鑫先生讲课时,竟能不看备课笔记,把全部教学内容(包括公式推导)都背出来[①]。

当时交大的物理课,弃用美国 Duff 的教材,而使用由裘维裕编写的英文版教材纲要。裘维裕和周铭志同道合,不惜放弃各自所学的电机工程和化学专业,转到基础物理教学上来。他们忠诚地执行向顾维精教务长所作的承诺"教材我们自己编"。袁文伯在交大读书的时候,虽然裘维裕主要教物理系的学生,但袁文伯经常听其他同学谈起裘维裕。周铭除授课外,则全力献身于物理实验教学和实验室建设。他们二人根据当时国内高等工程教育的实际情况,借鉴美国麻省理工学院(MIT)的办学经验以及裘维裕在哈佛大学研究院从事物理研究的经验,自编讲义。裘维裕编写了交大所用的全套英文的物理教材(包括上课的纲要、讲义、习题和习题集)共有数百万字,并逐年加以修改和增补,其内容较一般教材更为深广。

裘维裕编写的《大学物理纲要》(以下简称《纲要》)第一卷(*An Outline of College Physics*)(VOL-1),虽然只是列出了所讲授内容的标题、简要定义和主要公式,但内容丰富。这一卷包括绪论、力学、物性学、热学三大部分。1995 年,中国科技大学的张玉民教授和吴自勤教授经过对《纲要》的深入研究后认为:这一《纲要》的内容"安排得十分有条

[①] 俞调梅:《岁月像首歌,吟唱永不绝》,俞调梅为同济大学著名教授,上海交大 1934 届土木系校友 44 民国时代,高等学校(特别是一些教会学校)使用的一种普通物理学课本,有译《特夫物理学》,后来译本都称达夫物理学,由美国特夫(A Willmer Duff)主编,此书合作编写者较多,大都是美国的大学教师。因为此书写得简明扼要,浅显易懂,又深入浅出,所以把它作为普通物理学教材。

理，层次分明，思路清晰。"《纲要》十分重视理论联系实际，强调观察与实验在物理学中的突出地位。"从《纲要》中可以看出，裘先生在物理学内容的体系安排上是花了心血的。他本着先易后难、先直观后抽象、前后对照呼应的精神安排内容体系。这使学生在学习大学物理时，对感到困难的一些难点概念变得容易理解了。长期在裘先生手下当助教的王诚昊教授说："裘维裕的物理学教材可说是他一生心血的结晶，也是我国在物理学教学方面的一笔宝贵遗产。"袁文伯大学时的物理课使用的就是这部教材。

与此同时，交大的物理课程还特别重视实验课和实习课。普通物理实验课配合物理课的讲授进行，学生每周做一个实验，每次实验用 3 小时，课内只完成操作过程，课后做实验报告，以加深实验的印象。每学期学生约做 14—15 个实验，在实验教材中的 60 个实验，要做 55 个实验。做实验时，二人一组协同操作，但实验报告仍需各自完成，一律用英文书写。这 60 个实验的内容丰富，包括：基本测量、力学、物性学、热学、电学、声学、波动学和光学等。通过这些实验，加深了袁文伯对物理概念的理解，通过操作也加强了动手能力。当时普通物理实验用的教材为周铭所著的英文版的《大学物理实验》，从 1930 年到 1949 年的 20 年一直使用。实验课每周都必做，并与理论的讲授相配合，这与美国许多著名大学如麻省理工学院（MIT）的课程基本相同。当时交大物理课的理论与实验相结合，可以说开创了物理教学的新时代[①]。

据旅居英国的上海交大 1937 级校友许道经回忆[②]，周铭老师的教学方法实在是出于欧几里得（Euclid）[③]的公理化方法，在教学过程中，周先生先问你承认不承认，同意不同意。如果你承认了第一个前提，又同意了第二前提，那么必定只有一条结论。如教"离心力"，问线端有小石子沿圆周飞动，小石子上有什么力？初学的时候不当心，说"离心力"，石子上画一矢道向外，问："既是有力向外，石子何以不飞出去？"，只好改

---

① 上海交大校史网。

② 许道经：三位恩师的启迪。见朱隆泉主编：《思源湖——上海交通大学百年故事撷英》，上海交通大学出版社，2006 年。

③ 意指公理化体系。

为一矢向内,说是"向心力",再问"既是有力向内,石子何以不飞近中心?"再说下去,一步一步说出加速度的积分是速度,速度是有向量(vector)……愈说愈清楚,到八面玲珑才罢休。……周铭老师教我物理,而我之所受教者有甚于物理者。有甚于物理者何?即古人所支之"读书为名理"。所以,同数学课程一样,周老师的课程也是一种进行科学和理性训练的课程。

当时的物理课,每月要考试两次,一次是考理论知识,称为 Lecture Test,只要及时温习和训练记忆,就能取得高分;一次是考测试计算题,常称 Problem Test,主要是考察学生的思考能力和熟练程度,学生平时若刻苦做习题,能按时完成作业,则考试成绩必能及格,如欲达到优秀成绩,则要依靠他的聪明才智和勤奋。每学期终了再进行大考一次,不及格的可补考。据统计,在两年的物理课中,共有大小考试 28 次。如此频繁的考试,其目的在于督促学生刻苦学习。理工科各系学生都受到这种训练,因此,交大毕业生进入社会以后,不但对物理学能经久不忘,而且对考试都不生畏惧之心,无论在国内还是国外,其考试成绩大都名列前茅,与此同时,严谨求实的科学精神也深深地融入他们的血液之中。

袁文伯在交大的化学课是徐铭才[①]及其助手上的。在我们采访袁文伯的时候提到徐铭才老师,袁文伯夸赞说徐老师人很好。徐先生 1908 年毕业于南洋公学(上海交大前身),次年经浙江省公派赴美留学,入麻省理工学院攻读化工,获得工学硕士。1922 年回交大任教。徐先生学识渊博,讲授精辟,善于联系实际,与学生的感情也相当融洽。1928 年秋,交大成立化学系,徐铭才出任系主

图 2-14 袁文伯上海交大时的化学老师徐名材

---

① 又作徐名材(1889—1951),字伯隽,1922 年在上海交通大学任化学教授,1930 年交通大学成立科学院,任化学系主任。1951 年 11 月 8 日卒于上海。

任。1930年，黎照寰任校长时设科学院，有数学、物理、化学三个系，他仍任化学系主任。1933年，他对化学系的课程进行了较大的改革，并和助手张怀义一起讲授普通化学。两人同教一门课，徐铭才一周讲一次课，他的助手讲三次，几个班都这样。他们的课程很有特点，虽然是两个人上，但衔接得非常好，谁讲了什么没讲什么都很清楚，好像一个人讲的似的。他编写的《工程化学手册》，由校图书馆印行，改变了以往照搬国外教材的做法，增强了实用性。他的办学设想见所写的"四十年来之化工教育"，载于《交通大学四十周年纪念刊》。文中谓"化工名称不过五十年，确定专门学科不过二十余年，而利被民生，宁可数计。我国建科较晚，应急起直追"。又认为"中国要奋发自强，以达安富尊荣之地位，自非利用开发富源不为功；而非谋化学工业之发展，亦无以收地不爱宝物尽其用之效。成败利钝，其枢纽全在人才"。对于化学课程内容，他认为"化学工程之学术，实具有三层基础，数理化三者缺一不可[1]"。徐铭才在其1937年所写"化工人才之养成"一文中，认为"每年毕业生中恒有优秀人才，各大厂宜选训，使获实际经验，另使研究种种技术问题，以后择优资遣留学。其次者给以优薪，使负技术改进之责，所费有限，收效甚宏。大工厂得人才，学子作贡献，化工教育之成效，日后更显[2]"。

胡敦复、周铭、徐铭才三位教授主讲的数、理、化三课，是工科最基础的课程，也是交大教学特色的主要体现。当时，这三门课程是大学最难

图2-15 著名的国学教育家、上海交大的创始人唐文治先生（袁文伯在交大时唐先生每周日上午给交大学生讲《礼记》）

---

[1]《科学家传记大辞典》编辑组：《中国现代科学家传记》（第三集），科学出版社，1992年，第698页。

[2] 同[1]。

通过的一关。但交大的基础课，好比幼时背《论语》，背时粗了句意，年长之后才回味其中的人情世故。宋儒所说的"天下只有一条道理"，即我少年所受教于良师者，这"理"是断不了的，如"野火烧不尽，春风吹又生"，交大的教育给袁文伯打下了坚实的理论基础，培养了其严谨治学的科学态度，为其后来的教书、治学和做人都奠定了坚实的基础。

除了数理化之外，交大的中英文课也是名师执教，英文教授唐庆诒为唐文治[①]之子，美国哥伦比亚大学硕士。中文系主任陈柱则是唐文治高足，国学上富有素养，熟于周秦诸子，尤精于子学，生平著述百部之多。《交通大学概况》记载了学校设置中文、外语等公共课教学的目的。

中文"教授科目，分中国文学及公文程式二种"。"中国文学以陶养品性适应实用为主旨。选择古今名作有实用足资修养者为教材。讲授时注重文法及思想，并须熟读课外指定读物。""公文程式以熟练程式，明习体要，及研究保管档案，增加行政效率为主旨。专选属于普通行政范围之新旧公牍为教材，教授时多举实例，以资练习。"

英文"第一年英文温习文法及修辞，选读英美名著，并有问答翻译及作文等练习，以训练学生听讲阅读及写作之能力；且以减除语言文字上不良之习惯，学生于文法上如有错误，必详为解释，使之了解"。

"第二年英文教材，趋向专门化，视学生将来职业上之需要，选择科学工程经济及管理等实用文字，以充实其字汇，并树立阅读及写作各种专门论著之基础。""演说学注重演说辩论之学理及实用，训练学生撰稿及演讲。公事英文训练学生撰写商业函件报告及其他公文。"

"第二外国语包括德法日俄四种，共授两年。第一年注重识字语

---

① 唐文治（1865-1954），字颖侯，号蔚芝，晚号茹经，清同治四年（1865年）十月十六日生，原籍江苏太仓，民国元年（1912年）定居无锡。父亲唐若钦为清贡生，以课徒教书为业。唐文治自幼从父攻读经书，国学造诣极深。曾任清朝高官，思想开明，积极引进西学，一生致力于培养高水平人才，富国强民。1907年任邮传部上海高等实业学堂监督，即校长，1920年离任。邮传部上海高等实业学堂的前身为清末著名实业家盛宣怀创办的南洋公学，即上海交通大学前身。是建国前交通大学任期最长的校长。在任期间，延请孙中山、梁启超、严复等一代名流入校讲学，是近代中国最著名的教育家之一，在中国的教育界和国学界享有极高的声望和地位。

音及文法，第二年继续学习文法，选读短篇论说，阅读报纸杂志，练习会话翻译及作文，藉以训练学生对于第二外国语作初步之认识及运用，并指示继续研究之门径。"

另外，在与袁文伯同届的交大校友许道经的回忆文章里还谈到了唐文治先生给他们上的《礼记》课。当时的唐先生已经双目失明，不教国文，只是在每个星期天的上午讲《礼记》。这种课程类似我们现在大学里开设的选修或公选课。"尽管当时听讲《礼记》，因为口音不同，实在是三句听不到一句，但许多同学星期天都去听，是因为唐老师的态度是苦口婆心，好像事关重大不得不'前辈传与后辈知'"。按照许道经的说法，"胡敦复老师、周铭老师的课目好比幼时背《论语》，背时粗了句义，年长之后才回味其中的人情事故。唐文治老师的遗教不像背《论语》，而像禅宗之'不着言语'，现在一样纪念他。"……"当时自想，唐老师心中一定以为《礼记》之中有不可废弃的地方。这里有学习态度的问题，不是课程内容的问题，正像胡老师教微积分之有甚于微积分内容者。""唐文治老师的精神也可以说足以代表百年以来母校的成就……百年以来所产生的人才济济。出了这济济的人才，在各业中有贡献之外可能还有一层意义，即是一批代表中国近代文化变迁的人物。母校有'文武全才中西兼通'的美誉……"由此可见，当时的交大提供给袁文伯的不仅仅有严谨求实的科学训练，而且也有有深度的人文教养。

图2-16　袁文伯在上海交大时的老师、老上海交大土木学院院长李谦若先生（后来也是袁文伯在北京矿业学院的同事）

在交大求学，除了这些基础课之外，还有专业课。在专业课教师中，特别值得一提的是李谦若老师。李谦若（1886—1969），字叔和，江苏苏州人，著名的土木工程和测量专家。1904年入上海震旦学院读书，1907年赴美国康乃尔大学土木工程系留学，据袁文伯讲①，李谦若先生留学时是同宋家三姐妹乘同一条船出去的。1911年，李先生获学士学位后回国参加辛亥革命，在军队里曾做过连长，但当兵时间比较短。后受聘于铁道和水利部门。据袁文伯先生讲，李先生到交大之前，曾做过扬子江测量总队的总队长，搞长江河流的测量，据说中国的benchmark测量基点就是由李先生确立的。李先生1930—1945年在上海交通大学历任教授、土木工程学院院长、系主任、教务长等职，并兼任全校训育、图书、校产、设备、法规、考试、招生等委员会委员，为交通大学土木工程学科的发展和校园建设做出了重要贡献。李先生曾先后执教于复旦大学、厦门大学、大同大学、光华大学、大夏大学、上海工专、苏州工专、大连海军学校和中国矿业学院等院校，为祖国的江河、铁路、桥梁、矿山的勘测建设和教书育人奋斗了一生。李先生不仅是袁文伯的授业恩师，而且后来又成为袁文伯在北京矿业学院的同事。1960年，74岁高龄的李先生还亲自带学生去北京门头沟进行测量实习。1969年，李先生在北京矿业学院病逝。至今，李先生的夫人、106岁的张明珠女士依然健在，并且和袁文伯聚会叙旧话新。

上海交通大学土木工程学院成立后不久，1930年4月18日，时任铁道部技正的李谦若被任命为代理院长。从此，李谦若开始了教书生涯。在交通大学期间，他先后主讲过高等测量、大地测量、天文学、水力学、野外测量实习等课程。李谦若上任后，对学院的教学管理多有建树。当时交大教务处只安排一年级的课程，二年级以后的课程则由各学院自行安排。李院长为了使交大土木工程学院毕业生的水平能和国际上名牌大学毕业生一样，调查了美国各著名大学土木工程专业的教学计划、课程设置和教材情况，精心设计教学计划，选择了结构学和测量学等专业基础课程，并选用了当时最新、最实用的美国麻省理工学院的教材。所以当时交大土木工程学院二年级以上的教材也全是英文的，学生整体的专业水平和英语水平都很高。

教师是实施教学计划的关键，李先生在物色和聘请教授方面也下了很大的功夫。他延请的教授都是德才兼备、有真才实学、清正廉洁且没有很

---

① 袁文伯访谈，2010年12月12日，北京。资料存于采集工程数据库。

多兼职，能致力于教学的知名学者。除第一个月外，每周都有考试，并公布成绩，还有多次事先不通知的临时测验，以便了解学生的接受程度或督促学生学习。学生们也大都勤奋学习，很少去一些娱乐场所，袁文伯更是如此。尽管身处十里洋场的繁华都市，但他们都静若处子，专心学业，在他们看来解出一道题比出去娱乐要快乐得多。

李谦若在土木学院的课程中，还专门设置了"天文学"这门课程。"天文学"教授学生如何观测星象，以便确定测试点的精确位置，这对土木工程中的测量是很重要的。李先生亲自主讲这门课，教了很多有用的理论和知识，如土木工程测量时，必须精确地确定正北方向，一般以为北极星代表正北，其实北极星不是恒定的，它在一个小圈子内移动；他还备有国外出版的每年一期的星象年鉴，即天文历，可以查出某月某日星星的位置差多少。在有云的日子里，如果看不到北极星，李谦若先生就教大家如何从其他星球（如仙女星座）算出北极星的位置。他说这些测量必须非常精确，否则上、下、左、右差一点，就会失之毫厘，差之千里。特别是在测量需要双向施工的大桥和长隧道时，这样的误差就很危险了。

李谦若教袁文伯他们的测量课，是门实践性很强的课程。他制定的教学计划，要求每年暑假中留出三周时间，让二年级学生到野外进行大地测量，三年级学生到外地进行道路测量，以培养学生的实际工作经验、作风和素养。实习虽由助教带队，但他也亲自参加指导。他要求大家在测量中必须严格遵守操作程序，谆谆教导学生，如何避免可能的错误，如何提高精度。同时，他要求学生在野外工作时不怕苦、不怕累。在这方面，他以身作则，不怕酷暑和疲劳，经常亲自到各组去指导和检查。他对学生的身体健康和生活也非常关心，学生们都非常尊敬他。但也害怕他的严格，担心万一被他检查出什么毛病，或误差太大，否则就要重新测量。

在教学管理方面，李谦若先生也十分严格。李先生平素性格内向，不善言谈，也没有豪言壮语，但却以其实际行动严谨治学。凡是他的学生，对其严格、严谨的教学作风，无不留下深刻的印象。在一次测量实习时，他发现有一个数据是学生没有经过实地测量，为了省事而估算的。他就果断地命令他们把全部测量重做一遍，否则就判他们这次实习成绩零分。并告诉学生们：科学研究必须实事求是，决不能有半点虚假，更不能投机取巧，尤其是土建和测量工作，人命关天。他还说，不少中国人干事太马虎、不讲究质量，不如外国人，这样怎能强国？他教导学生说：一个人工作质量的好坏，反映了他的综合素质；一个工厂产品质量的好坏，反映了这个工厂的综合素质。国家也是一样。中国要富强，大家做事就必须认真负责、兢兢业业，不能敷衍、马虎、偷懒。工作踏实，为人诚实，作风老实是李谦若先生一贯的学风，也是他一生风格的写照。后来，在左倾思潮泛滥的年代，为此遇到过不少麻烦，但他还是那么执著，认为这是科学工作者应有的本质。时至今日，袁文伯回忆起来都觉得李先生的这种严谨求实、认真做事的工作作风，对其工作态度和学术作风影响极其深远。

　　李谦若先生平素最痛恨学生弄虚作假。如果发现学生考试作弊，一定会当场捉住，决不手软。在批考卷时，如发现两张卷子错得完全一样，明显是抄袭的，那么这两个学生一定都得零分。抗战时期，为了维持生计，他也曾在一些私立大学兼课，有的学生根本不想学习，只想混张文凭，作弊已成习惯。而有的老师为了混饭吃，马马虎虎，在学生面前做好人，谁也不得罪。李先生可不是这样，在他面前，谁也甭想蒙混过关。这种绝不通融的做法，"得罪"了一些学生，他们就玩弄恶作剧。对此，李先生都付之一笑。他执著地认为："'教不严，师之惰'，不管他们对我怎样，我总要对这些青年学生们负责。"

　　虽然李先生治学非常严谨，但生活中对学生却很宽容。一次，有一个学生对他不礼貌，本来校方要给该学生记过或开除，李谦若见学生能认识错误，只让他写个检讨就算处理了。这事使该学生非常感激，也使其他的学生很感动，觉得李院长虽然在学习上对学生要求非常严格，其实对人是宽容大度的。还有一个学生因家里经常请假，李院长不仅没给处分，到暑假还托人给他补课，尽量不采取留级处分。

　　除此之外，李谦若还积极筹建土木工程学院的教学设施。1932年建造的工程馆底层有很多实验室，其中土木工程方面有材料强度实验室、混凝土实验室，还有占地面积很大的水力学实验室，这些都是由李谦若先生一手策划建立的，为土木工程学院的学生提供了良好的实习实验条件。

图2-17　1935年落成的交大校门（资料来源:《上海交通大学纪事》）

　　李谦若先生在交大期间，除了主持土木工程学院工作并给学生上课外，还在交大的校园建设上倾注了大量的精力。现在上海交大华山校区的红色宫殿式校门，就是由李先生请他的远亲银行家吴蕴[①]初赞助了5000元大洋建成的，并一直耸立至今；现在的福开森操场也是他向美国人福开森先生[②]募捐来的；现在的交大工程馆也是由他负责设计和督造的；现在的总办公楼容闳堂的建筑方案也采纳了他的不少宝贵意见。总之，李谦若先生对于交大土木学院学生的培养以及老上海交大的建设和发展做出了重要的贡献，他的言行也深深影响了土木学院的学生们。

　　李谦若不但在学业上严格要求学生，而且经常教育他们要有理想、有抱负，重视培养他们的牺牲精神、吃苦耐劳和实事求是的科学作风。1935年，他在交通大学第30届毕业典礼纪念特刊上，为学生送上语重心长的临

[①] 李谦若先生的女儿李均女士撰写的回忆文章《我的摇篮——交通大学》一文中，写的是吴培初。

[②] 福开森（John Calvin Ferguson，1866—1945），美国传教士，1886年毕业于波士顿大学，1888年奉派至南京，创办汇文书院，任首任监督。南洋公学成立，受聘为自信监院，择地设计监造徐汇校区。1902年离校后长期充当盛宣怀和端方的顾问。1936—1938年任国民政府行政院顾问。

第二章　求学历程

别赠言，他说："诸位此后将脱离学校生活，对于人民、社会、国家、甚至对于全世界，将要抱着重大的牺牲精神，去努力贡献于伟大的事业。……诸位到社会上去服务，不能像在学校求学时代那样自由，以前随随便便的习惯，实有彻底改变的必要。……我最近为毕业生出路问题，以私人资格向各机关接洽时，往往发生很深的感想；他们来信都是千篇一律地要'能吃苦，成绩好'的学生。可见大学毕业生的文凭是可恃而不足恃，惟有耐劳吃苦成绩优异的大学毕业生方能博得社会的欢迎。"他还专门写了一篇文章《吃苦》，刊于交通大学35届毕业典礼特刊上，大意是："同学们苦读了十几年，现在毕业了，似乎可以苦尽甘来了，殊不知学校生活是一生中最快乐最幸福的黄金时代。毕业后，服务社会有尽忠报国之苦，应付上司下属之苦，负担家庭之苦等。而我们土木同学更不用说了，工作多在野外，餐风宿露，不避寒暑；有时披星戴月，连夜赶程，还无车可乘，无饭可吃；而这些地方都要靠诸位把它开通起来，建设起来。你们若要'成功'，就应该吃这种苦，必须吃这种苦。反过来说，我们既要学土木工程，当然不能嫌它苦。如诚心为国家社会为自己而吃苦，自能苦中生乐，不觉其苦。现在各处批评交大毕业生最大的缺点是'不能吃苦'，希望各位能尽量吃苦，造成'交大学生能吃苦'的舆论才好！"。[①]

李谦若任教40年，桃李满天下。著名航测与遥感专家、中国科学院院士王之卓，著名水利专家、中国科学院院士张光斗都是当年他任交通大学土木工程学院教授、院长时的学生，他们秉承李先生的教诲严谨治学、服务社会，成为国家建设的栋梁。

袁文伯大学时的任课教师还有我国著名的给水排水工程专家、我国给水排水专业的创始人顾康乐先生。顾先生当时给袁文伯教"给水工程和污水处理工程"的课程。顾先生1901年12月22日生于江苏省苏州市。1923年毕业于上海交通大学土木工程系。1925年毕业于美国康奈尔大学研究生院市政卫生专业，获硕士学位。1925—1945年任上海复旦大学、交通大学教授。1945—1949年任上海市工务局总工程师。1949年后历任上海

[①] 上海交通大学校史研究专著系列《交大名师》。上海交通大学出版社，2006年。

市城市建设局总工程师、技术处副处长、上海市给水排水设计院副院长、总工程师、建筑工程部北京给水排水设计院副院长、总工程师，国家建设委员会城市建设局技术顾问，国家城市建设总局副局长等职。顾先生长期致力于市政卫生工程的教学和科研工作，是我国创办并讲授市政工程课程的第一位教授。他撰写的《沟渠工程学》等是我国第一套市政工程专业大学教材。主持了上海、洛阳、兰州等数十个工业大城市的市政给排水工程的规划、设计和建设，为我国城市建设事业做出了卓越的贡献。后来，袁文伯大学毕业后在大公学校任教时，曾经找过顾康乐先生让其帮助推荐工作，但迫于当时形势，也没有什么好的去处。很多年后，在一次国内的学术会议上师生二人相见，叙旧话新，别有一番感慨！

图2-18 著名给排水工程专家顾康乐

　　袁文伯大学的专业课老师还有教二年级应用力学的金肖宗老师，教三年级结构理论的江祖歧老师，教桥梁结构学的王云瞻老师，教混凝土结构学的杨培瑸老师等。据袁先生回忆，江祖歧老师教结构理论。那时候的结构理论分成两部分，一部分是型定结构，是初等的结构，不涉及弹性关系，也可以说是初等的结构。但越是最初等的课应该是最有用的课。江老师教书很认真，教学效果也很好。后来在交大，袁文伯还曾经碰到过了一次江先生。1952年的院系调整，江先生到了西安建筑工程学院。王云瞻老师是教结构的，主要教高等结构学，实际上是超稳定结构学。超稳定结构用普通力学方法，型定结构有的方法算不出来，算起来比较麻烦。这门课在1930年代搞的人很多，是三四十年代很主要的一门课，王先生搞得很有名。这些教师在教学上都严格要求，加之袁文伯自己的努力和勤奋，为其今后的教学和研究工作奠定了非常坚实的专业理论基础。

在1930年代的上海交大,整体上课业负担非常繁重。除了课堂上的交流外,师生之间课后的联系和交流并不多,很多老师出于生计同时在多所学校兼课,也无暇与学生进行较深入的交流,偶尔有些特殊交往的一般也都有些同乡情份在里面。据袁文伯交大37届级友萧立坤回忆,交大的师生关系是冷淡的。四年之内,他唯一只到化学老师时昭涵先生家里去过几次,因为他们有同乡之谊。其余老师只在课堂上见面,下课已不相识。当时学生欲见校长黎照寰,需写呈文请求,不可直接走进他的办公室。同学间也因贫富、地区不同,各人只有几位朋友,其余形同路人[①]。从萧立坤的回忆中可以看出,当时的上海交大因学业繁重,使学生们少有闲暇来做其他的事情,很多交往都仅限于较近的同乡和同学,或因居住在一起而促成的。袁文伯先生也是如此,除了与几位同乡和当年杭高的同学相对交往多些之外,更多的同学来往并不是很多,特别是对于一心向学的袁文伯而言,除了学习之外的其他事情参与得并不是很多。据袁文伯的儿子袁重果说,父亲当年在交大学习非常刻苦,甚至当许多同学们打篮球时,袁文伯主动选择给大家看衣服。之所以选择看衣服,主要是因为看衣服的时候可以看书,袁文伯当时总觉得时间不够用,有那么多的书要看,有那么多的知识要学。

严格的教学管理

袁文伯在上海交大时期,交大的教学管理是十分严格的。各班每周授课时数在30小时以上,毕业时至少须修满180(又一说法为185)学分,并且实际上各学院在执行过程中普遍超过这个标准;而当时国民政府教育部规定的学分限额最低132学分,最高为157学分,交大学生四年之所学相当于他校5年的。对此,当时校内也有不同的看法。1934年,教育部视察员认为,交大学生课业过重,缺少研习时间,学生也在疲于应付各种大小考试,并提出减少课业时间的请求。但20世纪30年代,爱国青年热

---

① 参见《交通大学1937届级友通讯》第十七期,纪念毕业七十周年专刊,2008年。

血沸腾，学生运动风起云涌，国民政府当局三令五申要求学校防范学生的"越轨行动"。作为自由主义知识分子的老校长黎照寰一方面不愿对学生的救国运动粗暴干涉，一方面又不能置当局的指责而不顾，只能对现实消极妥协，要求学生一心向学，主张学术远离政治，增加学生的课业学习，实际上这成为黎照寰周旋于学生与当局之间的调和剂。

1930年代上海交大的考试制度非常严格，考试分临时和学期两种，临时考试即小考，次数频繁，每学期各种考试有四五十种，比如物理系教授裘维裕，课教得好，考试也极为严格，甚至尽出偏题、怪题，学生很难考过关，大多数学生得分都不高，让学生感觉很失落。老师计分时就用学生实际考分的开方乘以10来计分。如果学生有丝毫懈怠，不听课，不做题，成绩很快就会落下来，甚至即使学习很努力成绩也不一定很理想。许多同学当时都因为考试成绩不理想而郁闷。交大的这种严格要求尽管有些有好处，但也有不利的方面，有时候非常打击学生的自信心。袁文伯有一次考试成绩不理想，也难过了好几天。

交大建筑

三十年代，正值上海交大历史发展上的黄金期，这一时期的校园建设取得了较大的进展，这期间"新三大建筑"渐次建成，作为1930年代早期较大规模新建筑群中的三个代表，"新三大建筑"体现了学校在上升时期所具有的进取精神，作为凝固的历史也记录了袁文伯美好的大学时代，由于所学专业的原因，袁文伯对当时学校的建筑也情有独钟。

1930年初竣工的执信西斋，可谓是当时沪上最好的学生宿舍，甚至就是以今天的标准来看，也是不差的。执信西斋的得名主要是为纪念孙中山先生的忠实追随者、早期资产阶级民主革命战士朱执信[①]。执信西斋位

[①] 朱执信（1885-1920），中国近代资产阶级革命家、思想家。广东人，1885年10月12日生于广东番禺（今广州市）。1904年以官费留学日本，结识了孙中山、廖仲恺等革命党人。1905年8月中国同盟会在日本东京成立，他被选为评议部议员兼书记。先后担任过《民报》《建设》等刊物的编辑，积极从事资产阶级革命的理论宣传工作。1920年9月21日，他在虎门被桂系军阀杀害。

于当时学校西北角僻静幽雅之地，当时在袁文伯的眼里，那里仿佛就是世外桃源。

执信西斋有 152 间寝室，另建有交谊室、阅报室、理发室、卫生间、贮藏室等。宿舍两人一间，室内设施完备精美，配有铁床、嵌着镜子的衣柜、书架、桌椅、茶几等，还有冷热水供应、西式马桶，并备有手纸，后来还装上了直拨电话，堪与宾馆相媲美。执信西斋前面的小池中，有以上刻"饮水思源"4 个大字的碑，碑的顶部有齿轮和锤子的模型，象征着工程专业。

执信西斋作为学生宿舍建成之后，主要是由高年级学生入住，袁文伯在大学三、四年级，即 1936—1937 年时便居于此。尽管袁文伯已经记不清当年住的是哪间房间，但是当年住进执信西斋的欣喜与喜悦仿佛历历在目。在执信西斋住的那两年，袁文伯与来自浙江海宁的章昌燕同学同住一室。袁文伯在自己撰写的小传中记载，章性急，袁性慢，二人互相调剂，相得益彰。恰同学少年，丰华正茂，留下了人生美好的回忆。执信西斋现仍为上海交大的学生宿舍。

图 2-19　袁文伯在上海交通大学读书时的宿舍（当时是上海最好的学生宿舍，现仍为上海交大的学生宿舍。资料来源：上海交通大学官网）

在高年级学子入住执信西斋后，一座恢弘宽敞的工程馆在东北面拔地而起。1932 年初，这座宽大的"口"字形二层建筑完竣，主要用于工程试验与教学，其建筑设计出自匈牙利建筑师之手，由李谦若先生负责督建。该建筑本着实用主义原则设计，造型洗练简洁，又不失雅致平和。入门处有一庭院，院中安放马可尼铜柱。楼上阶梯教室十分宽敞，又长又大的石质黑板几乎与教室齐宽。楼下各种试验室中有各种机械、电

机、电报、电话等设备，主要是两大实验室，一个是力学实验室，一个是电机实验室，土木工程方面的材料强度实验室、混凝土实验室，还有水力学实验室都设在工程馆里，袁文伯大学时的很多实验就是在这里进行的。置身于工程馆，仿佛就置身于科学的殿堂。

图 2-20　上海交大工程馆（袁文伯大学时力学实验就是这里做的，现仍存立于上海交大华山路的校园之中。资料来源：《上海交通大学纪事》）

工程馆的南面，有一排工方形的玻璃厂房，门窗和墙都以玻璃制成，采光充分。这就是实习工厂。其中有木工厂、金工厂、翻砂厂、锻造厂等，供学生实际操作之用。内有教室，先上课，后操作，使理论与实践相结合。袁文伯大学时的木工课就是在这里上的。

同时期还建有工业化学实验室、道路材料实验室、图书馆书库，扩充

图 2-21　上海交大的老图书馆（始建于 1919 年，现为上海交大校史馆和档案馆。资料来源：上海交大校史网）

第二章　求学历程　51

了无线电实验室、重建了一座仿明清宫廷式样的校门,还在体育馆后面新辟了一个运动场,将原运动场改建成绿草茵茵在"宫保花园"。数年间学校共建校舍 2 万余平方米,差不多是以前三十年的一倍,成为交大大历史上新中国成立前增建最多的时期,成为当时国内办学条件最好的大学之一。校园发展空间的拓展,使得学校教学设施更趋于完善,成为当时国内办学条件最好的大学之一。优良的办学条件,为教学科研的正常展开、良师的聘任、学生的求学等营造了良好的环境和氛围。徜徉于蓬勃向上时期的交大校园,置身于一座座优良建筑之中,袁文伯常常为自已的学校而自豪,并且也通过自己的努力和能力为学校争光添彩。

除了执信西斋和工程馆外,给袁文伯留下深刻印象的建筑还有 1935 年由唐文治、蔡元培、孙科等人发起捐建的图书馆书库,图书馆书库的落成,使图书馆功能大为扩增,藏书量最大可达 20 万册,1937 年的藏书量较前增加 1 倍,达到 82000 册,杂志近 1000 种,除此之外还有一些珍贵善本和古籍。

正如钱学森回国后在《科学通报》上发表文章说:"美国工科学校一、二年级训练科学家,三、四年级训练的是工程师,"当时的交大也是如此,训练科学家的一、二年级最为辛苦,同学们主要为保持好一点的成绩而努力读书,相对而言,到了三、四年级专业课程,学生们就有时间自己去图书馆看书、读杂志了。图书馆新书库的建成,恰逢袁文伯已经完成了较为艰难的一、二年级课程,三、四年级的袁文伯不仅进行广泛的阅读,而且在专业书籍的阅读方面更表现出如饥似渴。在这一时期,袁文伯几乎阅读了当时国际工程力学界顶级的大师铁木辛柯

图 2-22 倍受袁文伯推崇的美籍俄罗斯力学家铁木辛柯

（Timoshinko）①主要的力学著作。铁木辛柯是一位美籍俄国人，在美国任教多年，在西方世界力学界极富盛名。袁文伯十分推崇铁木辛柯在材料力学方面的几部著作，一本是《高等材料力学》，一本是《普通力学》，还有《结构理论》和《弹性力学》等。除此之外，袁文伯还读了铁木辛柯的《稳定理论》、《工程中的振动问题》等。袁文伯后来主要研究方向就是结构力学，铁木辛柯搞的就是结构理论，因此受其影响较大。铁木辛柯还有一本书叫《材料力学史》。袁文伯先生对铁木辛柯的这些著作都极为推崇，认为把铁木辛柯的书念好了，力学的水平应该就可以了。时至今日，袁文伯依然能够非常清楚地说出这些书的中英文名字，并且认为其每一本书都够水平，一般人写一本够水平书就不错了，而作为天才的铁木辛柯写了六七本书都够水平，非常有才华。大学时代的阅读不仅给袁文伯奠定了非常扎实的理论基础，而且通过阅读使得袁文伯能够同当时国际上一流的大师对话。在我们采访袁文伯的过程中，袁先生颇有感触地说，学习很多不一定都是老师教的，而是靠自己学。还说当年交大的许多老师也同在上海的其他一些大学任教，但都没有交大教得好，其实老师都是一样的，只不过交大学生的素质好而已。

交大同学

1933年9月，151名交大新生入学，其中土木工程学院29人。大学一年级时，袁文伯和徐桂芳、萧（肖）立坤、蒋家鏻、汤兆文五人同住一房

---

① Timoshenko（1878-1972），译为铁木辛柯、铁木森科、铁摩森科等，美籍俄罗斯力学家。1901年毕业于俄国彼得堡交通道路学院，1903-1906年开始了他的创造性工作。他每年夏天都去德国哥廷根大学，在著名学者F.克莱因、A.弗普尔和L.普朗特等人的指导下从事研究工作。1907-1911年任基辅工学院教授。1912-1917年在彼得格勒一些学院任教授。1917年后到国外工作，在美国的密歇根大学和斯坦福大学任教几十年，解决了大量应用力学问题，写了许多弹性力学教材，培养了众多力学人才。编写的著作有《材料力学》、《高等材料力学》、《结构力学》、《工程力学》、《高等动力学》、《弹性力学》、《弹性稳定性理论》、《工程中的振动问题》、《弹性系统的稳定性》、《高等动力学》、《板壳理论》和《材料力学史》等20多部著作。这些教材影响很大，被翻译为世界各国的多种文字出版，其中大部分有中文译本，有些书至今仍被采用。此外，他还写了《俄国工程教育》和《自我回忆》两本书。

图2-23 袁文伯的交大同窗、数学家徐桂芳（也是其在英士大学、北洋工院的同事）

间。徐桂芳①是学数学的，属于科学院，当年数学系就他一名学生，萧立坤学物理，蒋、汤二人是管理学院的。大一时因为同住一室的人多是最有亲切感的一年。那时财务系的汤兆文正在谈恋爱，他的女友每天一封信，甜甜蜜蜜，很是恩爱；另外汤兆文爱打弹洋琴，有时打奏一曲，十分悦耳。至今已经八十余年，尽管汤兆文已作古多年，但在袁的记忆中感觉音犹在耳，如同昨日。财务系的蒋家鑅，对人态度亲切，家有纺织厂。记得那一年家鑅得一贵子，取名俊之。当时还有财务系的周仁同学常来找蒋家鑅、汤兆文，他们三人都是管理学院的，很要好，一起聊天，讨论学问，

---

① 徐桂芳（1912-2010），浙江温州人。数学家。1937年毕业于上海交通大学数学系。1940-1945年在英士大学任教，1946年受聘交通大学，1956年随交大内迁西安，任西安交大校务委员会委员、数学系主任、陕西省数学会副理事长。1985年退休后，任上海交大名誉教授、应用数学系顾问，西安交大数学系名誉系主任，中国计算数学学会名誉理事。发表数论、计算方法文章多篇。主编有《高等数学》、《纯幻方的构造原理和方法》等学术著作。1956年编译出版了《积分表》。

1933年，徐桂芳高中毕业，报考了两所大学：一所是浙江大学，一所是交通大学。结果，两所学校都录取了他。但由于一时疏忽，他把报考方向弄错了：交通大学报的是数学系，浙江大学报的是土木工程系。而在当时，交通大学的强项是土木工程等相关专业，而浙江大学的强项却是数学系。著名数学家苏步青当时就在浙大任教。为此，他特地征求了一位在交通大学读书的同乡的意见。这位同乡告诉他："在这个'毕业即失业'的年代，只有交通大学的学生毕业后不会失业，学生如果没有找到工作，可由铁道部分配到各铁路局去工作。"他得知此情况后，从就业的角度考虑，再加上臧渭英老师的支持，最终选择了交通大学数学系读书。

当时交通大学数学系、化学系、物理系一并属于科学学院。名气从大到小依次是化学系、物理系，然后才是数学系。徐桂芳入学的当年数学系一年级只有两位学生，另一位第一学期期末考试没有及格，补考也没能通过，就退学了。就这样，这个年级就只剩下徐桂芳一名学生。很多时候老师就把他叫到办公室去上课，一对一教学。回忆起他在交通大学这段学习经历，他赞口不绝，说交大管理学生，特别是对低年级学生有一套严格的管理办法。比如理论物理，考试题目偏又难，甚至大多数学生都很难过关，得分很低。老师计分就用学生实际考分的开方乘以10来计。即使这样，也有很多学生不能过关。对于不及格的学生，教务处（注册处）会把他们的名单公布于众。

好不热闹。另据后来萧立坤回忆,数学系的徐桂芳当时着迷于一个排列钱币的问题。如以六枚钱币,头头头尾尾尾,需要三次动作,每次两枚,将排列次序改为头尾头尾头尾。如此八枚须四次,十枚须五次,向上推至19对时,38枚。当时,徐桂芳因试排钱币,整日废寝忘食。最后成功地解决了N对钱币排列的一般公式[①]。总之,当时交大同学风华正茂,妙趣横生。

二年级时,袁文伯和徐桂芳、周乾昌同住一室。徐桂芳在其后来的回忆文章中也提到曾与土木系的袁文伯同住一室,并且说到袁文伯上学时学习十分努力,上进心极强,后来工作很有成就[②]。

三四年级时,袁文伯住进了执信西斋,与章昌燕同住一室。章昌燕性急,袁文伯性慢,两人互相调剂、互相补充,相处甚好,互有得益。只可惜,章昌燕英年早逝,抗战时期就去世了。

在袁文伯的档案材料中记录了他的一些主要社会关系,其主要都是他交大的同学和后来英士大学的同事。其交大同学如范桂文,生前为天津港务局工程师;周忠钫,生前为天津市政工程局工程师;刘绳祖,唐山铁道学院教授等。袁文伯当年交大的同学后来大都成为国内相关领域的知名专家,如姚明初,1937年毕业于上海交通大学土木工程学院,是混凝土轨下基础结构及可靠度理论专家。长期致力于混凝土轨枕及新型轨下基础的研究和开发,创造巨大的社会、经济效益。以他为主发明的"混凝土枕用硫磺锚固栓"新技术获国家发明三等奖。他率先提出了结构物按可靠度理论设计的必要性、进行了大量卓有成效的试验研究,取得了重要成果,为中国铁路现代化和结构设计理论的发展做出了卓越的贡献。被誉为混凝土新技术的倡导者,混凝土轨枕的开拓者,工程结构可靠度理论研究的先驱。

袁文伯的另一位大学同学,同时也是杭高时的同学陈民三,是高级工程师。浙江嵊县人。1937年毕业于交通大学土木系。曾任资源委员会资渝

---

① 参见《交通大学1937届级友通讯》,第十七期,纪念毕业七十周年专刊,2008年6月,内部资料。

② 徐桂芳:往事随想。见:《思源湖——上海交通大学百年故事撷英》,上海:上海交通大学出版社,2006年。

炼钢厂副工程师、资源委员会中央化工厂筹备处工程师。建国后,历任华东建筑工程公司工程师,第一机械工业部第一设计院副总工程师,机械工业部设计研究总院副总工程师、高级工程师,中国建筑学会第五、六届理事。20世纪50年代在治淮工程中设计了高良涧节制闸、东溉河节制闸、江阴船闸闸门等。在上海电机厂旋转机厂房设计中采用上统弧形的门式框架结构。撰有"掺氯盐的钢筋混凝土结构的裂缝问题"、"我国工业建筑结构体系的发展问题"、"机械厂房扩大柱网的发展"等论文。

图 2-24 袁文伯杭高、交大同学陈民三

袁文伯的这几位同班同学姚明初、陈民三和谢天辅后来都在北京工作,但当时信息闭塞,通讯也不发达,彼此并不知晓。等知道时,几十年已经过去了,他们也都从昔日风华正茂的青年走向垂暮之年了。尽管如此,岁月的沧桑洗不尽珍贵的同学情谊。后来,大家彼此联系较多。袁文伯与陈民三曾见了几次面,陈于1993年底逝世了。姚明初先生依然健在。

袁文伯另一位依然健在的交大同学是吴祖垲先生,也是我们这次采集工程中需要采集的老科学家之一。吴祖垲是我国著名的真空电子技术专家,中国工程院院士。中国日光灯、电子束管产业的开拓者。先后主持其技术工作的三家大型电子工厂均因他力主技术进步而跻身中国500强制造业之列,在组织开发和生产彩色显像管方面的成绩尤为显著。

图 2-25 袁文伯杭高、交大时的同学、中国工程院院士吴祖垲先生

早年的专著《日光灯制造基础》被视为发展中国日光灯工业的奠基之作。1952年成功试制出我国第一支日光灯；1958年成功试制出我国第一只黑白显像管；1970年成功试制出我国第一只彩色显像管；1976年成功试制出第一只为我国大型"银河"计算机配套的电压穿透式多色显示管；1982年受电子工业部之命在咸阳成功建设起我国第一个彩色显像管厂；1995年在大陆从事信息显示的工作者中第一个赢得美国信息显示学会授予的"国际公认奖"；1996年荣获中国工程院第一批授予的工程科技奖。

袁文伯的大学同学还有姚传甲，1915年生，江苏无锡人，1937年毕业于上海交大，曾在铁道部第三勘测设计院任技术室副主任，高级工程师。刘绳祖，原唐山铁道学院教授，他在1947年也曾与袁先生在英士大学共事，并同住一室；天津市政工程局工程师周忠钫等，周是袁文伯在杭高时的同学。袁文伯在交大时期，主要是专心于学业，社会交往不多，主要还是与杭高时的同学和校友交往更多些，其他社会活动或政治活动的参与也不多，属于一位钻研学问、一心只读圣贤书的一介书生。

图2-26 袁文伯杭高、交大同学姚传甲先生

在我们采访袁文伯时，他还提到了他在交大的同学——钱钟毅[①]。钱钟毅当时与袁文伯是同级同届校友，同是土

图2-27 袁文伯的交大同学钱钟毅

[①] 钱钟毅（1916—1989），字任叔，小字"阿龙"，国立交通大学土木工程系毕业。历任湘桂、黔桂铁路工程师。1943年考取清华庚款公费，在美国爱华洲大学得硕士、博士学位，回国后，任同济大学教授。

图 2-28　交大 1937 级校友在北京的聚会（2006 年 5 月 6 日。资料来源：袁文伯提供）

木学院的学生。只不过钱在道路门，袁在构造门，许多课程都在一起上。钱钟毅相比其才华横溢而大名鼎鼎的哥哥钱钟书而言，他在交大的学习成绩不是多么出色，但袁文伯讲他人非常聪明，后来到同济大学土木学院工作。

整体而言，袁文伯交大的同学后来发展得都非常不错。他们几乎都成各个行业的专家或精英。交大良好的教育奠定了他们一生成就、幸福与健康的基础，他们每一个人都是教育决定命运、教育改变人生的生动例证。据讲交大 37 届 150 余名级友，长寿者居多，截至 2008 年，在世的差不多就有近 30 位，也就是他们当中近五分之一都还健在，他们的人均寿命远远高于他们的同龄群体。当问及为什么他们都能够这么长寿时，袁文伯认为，他们所受的教育和经历使其能够在磨难之中修身养性，对所欲、所求都比较简单。在我们看来，他们的长寿很大程度上应归功于他们所受的良好的教育，使他们成为国家的栋梁，能够较充分地自我实现并给自己创造了较优越的生活条件。前些年，这些交大级友们，差不多每年都聚会一次，虽然没有亲身参与他们的聚会，但是通过他们聚会的照片，可以看出昔日同学聚会时的欢娱。

上海交大时期的学术活动

近代的上海是远东第一商埠，也是中西文化交流荟萃之地，因此，中外学者专家也成为上海滩上的常客。1930年代的上海交大充分利用这一优势，延请各路专家学者登上交大讲坛，演讲国内外有关的学术理论和实际问题，因此，30年代上海交大的学术活动十分活跃。现在查阅《交大三日刊》也可以从中看到当时的许多学术活动。在众多比较有影响的学术活动中，值得一提的，一是无线电发明家马可尼来访；一是著名的量子物理学家玻尔的讲学。

1933年12月，在袁文伯入学的第一学期，无线电发明家意大利人威廉.马可尼勋爵夫妇在周游世界的途中来到中国。12月7日，马可尼及夫人抵沪，上海各界机关团体及黎照寰校长等均前往车站欢迎。8日下午，市内14个学术团体聚集容闳堂①会议厅，举行茶话会，欢迎马氏。那日，容闳堂门口高悬着上海各学术团体欢

图2-29 马可尼夫妇访华（12月8日在上海交通大学举行的马可尼纪念柱植基礼，该柱现仍位于上海交大工程馆中心花园内）

---

① 总办公厅虽然早就命名为"容闳堂"，但直到1936年4月8日学校40周年校庆时，才在容闳堂二楼举行了容闳先生像揭幕礼。

第二章　求学历程　59

迎马可尼夫妇的标语，交大学生及中外各界人士六七百人均冒雨鹄立于容闳堂门外，以一瞻马氏丰采。黎照寰盛赞马可尼发明无线电，并把它和发现美洲一起誉为对现代世界影响最大的两件事情。会后又树立了无线电铜柱，命名为"马可尼铜柱"，这一铜柱至今仍旧保存在上海交大的工程馆里。作为一名世界级的发明者，马氏此行对于崇尚科学发明的交大学子是一个极大的鼓励，很多交大学子的回忆中都提到了这一事情，当时的袁文伯正值大学一年级，课业学习很紧张，对这件事情有一定的印象，但没有直接参与。

1935年5月20日，现代理论物理学大师、诺贝尔物理学奖获得者、丹麦核物理学家Bohr来交大演讲，演讲在工程馆举行。交大工程馆外车水马龙，听者满座。那时交大的工程馆，可以说是上海最现代化的实验室和工程教学楼，Bohr又是那时极负盛名的物理学家，当然盛况空前。演讲由当时中央研究院物理所所长丁燮林主持，上海科技界知名人士及交大师生600多人聆听了演讲。玻尔演讲的题目是"原子核"，他阐述了原子模型理论。据当时聆听演讲的交大校友回忆，玻尔拿着原子结构模型，把它转来转去，以不同方向展示。演讲历时2个多小时，受到交大师生的热烈欢迎。上海电话公司和上海广播台还联合向上海市广播了会场实况。尽管当时很多学生并不能够真正理解玻尔的思想，甚至把这件事淡忘了。10年之后的1945年，当因世界上第一颗原子弹爆炸而震惊中外时，许多人才意识到Bohr是最初研究原子弹的学者。当时的交大，能请到这样世界一流的大科学家来演讲，是非常难得的，对于开阔学生视野，促进科技文化交流，具有重要意义，袁文伯的大学时代就置身于这样的环境之中。

图2-30 著名的核物理学家玻尔（1885-1962）

上海交大时的实践环节

老上海交大"求实学，务实业"，特别强调实践环节，学以致用。黎照寰任校长后，为了做到学以致用，设置了实验、实习、设计、计划、专家演讲、参观实习、毕业旅行等项目，组成了一个比较完善的实践性教学环节。这类课程在各工程学院约占40%。各科实验从一年级到四年级连续不断。如工程学院一年级主要是理化等基础理论实验，二年级主要是专业基础理论实验，三四年级注重于应用实验。实习和参观主要在校外进行，学校利用路校合作关系的便利条件，将各级学生派往铁路等交通实业部门。

作为土木工程学院构造门的学生，袁文伯低年级开了木工课，象木匠一样做木工活，体验木结构的特点和接合方式。二年级的测量实习，袁文伯和同学刘绳祖等5人编在一组，进行认真的测量。实习时袁文伯同刘绳祖等互相合作，实习非常认真，一丝不苟[①]。

当时的交大地处上海西南郊区，离闹市区还有10数里。远离城市中心，使得交大成为莘莘学子理想的苦读修行之所。学校周围除了几家饭馆外，沉稳肃静，没有都市的喧嚣、没有眩人的繁华、没有醉人的享乐，绝大多数学生都安心并努力学习，同时也养成了俭朴的生活态度。大学时期的袁文伯学习非常刻苦，抓紧一切时间，如饥似渴地学习。不过，当时也有许多体育活动，只不过袁文伯并不是那种运动型的，当许多同学打篮球的时候，袁文伯主动选择给大家看衣服，利用看衣服的时间来看书。

大学时的袁文伯生活非常简朴。当时的交大学生，一年级新生，以穿布长衫长裤者居多，尤其是一、二年级，读书尚且顾及不暇，更无时间讲究穿着。等到学校发下制服，在上课开会、会操军训的时候，一二年级的学生都穿得整整齐齐。学校规定每两年缴制服费一次，仅可供做一套制服，有的时候常常因为洗后没有干而没法穿，因为经常穿，不待一二年即破烂不堪，因此，到高年级的时候，制服就难保完整。所以在一般大典礼

---

① 参见中国矿业大学（北京）干部人事档案。

善度事理的世纪师者　袁文伯传

之日，一、二年级的学生都穿戴整齐，而那些"真牌老爷"（大四学生）与"修补老爷"（大三学生），却穿得歪七扭八。袁文伯手头没有身穿校服的照片，与袁文伯几乎同时在校的翁万戈（兴庆），在上海交通大学电机工程系一年级时（1936年）照的照片，他穿的校服的领子上写有"交大电一"。借此，我们可以大致想象一下袁文伯当年身着交大校服的样子。

图 2-31　翁万戈身着校服

1935年夏天，袁文伯提前到校参加为期两周的军训。另据袁先生交大同学范桂文在回忆材料①中曾提到过他们大学时曾经到市府请愿过一次，根据《交大三日刊》上记载的时间大致是在二月份。袁文伯回忆说自己在交大读书时，因报持实业救国论理念，埋头苦读，不怎么过问政治，各种学生活动参与的不是很多。

袁文伯在交大毕业之前，学校在放春假的时候，组织学生外出毕业实习和旅游。他们当时从上海出发，乘火车经杭州、南昌、九江，从九江乘轮船到武汉，然后北上经石家庄到达北平，在北平待的时间比较长。再南

图 2-32　三十年代的交大体育活动

① 参见中国矿业大学（北京）干部人事档案。

下天津、南京，回到上海。这是非常好的一种教育形式，这次长途旅行让袁文伯得以走出校门，全面了解国家的大致情况，增强了热爱祖国的感情，同时也增加了社会阅历。但在当时全国的大学中也只有交大有条件这样做，因为交大隶属于铁道部管辖，坐火车可以免费。

袁文伯大学毕业的时候，抗日战争爆发了，日本军队占领了上海、南京等地。南京政府一路内迁到重庆，教育部、铁道部也随之内迁。由于战乱的影响，当年交大学生毕业的事情就没人管了，连毕业证书都没有拿到，就给他们发了一张英文毕业证书。这也是令交大1937届级友们非常遗憾、非常伤感的一件事情，同时由于受战乱的影响，家人出于安全角度考虑，袁文伯放弃了出国留学的打算，这也成为袁文伯的一个永久的遗憾。对于我们所采集的1910后科学家而言，绝大多数老科学家都有留学经历，留学的经历成为许多科学家成长中的一个非常重要的因素。袁文伯作为其中为数不多的没有留学经历的科学家，依赖于其勤奋和刻苦钻研书写了中国本土受教育的科学家成长的艰辛历程。

在交大读书的期间，还有一件影响袁文伯一生的重要事件。那就是在1935年11月11日，袁文伯同聪明、贤淑的谢赏梅女士结婚。赏梅同袁文伯是天台同乡，两家是世交。赏梅女士高中文化，这在当时天台女性中并不多见。因袁文伯当时正在交大读书，经济上还没有独立。赏梅从天台来到上海，在亲人的主持操办下，二人在一家餐馆里举办了一个简单的仪式，还在当时上海的照相馆里拍照留念。从照片上我们可以看出，当年的袁文伯十分的英俊，眉宇间流露出一股书卷气，而正值于妙龄的赏梅，漂亮而端装。知书达理、温良贤淑的赏梅成为袁文伯一生的伴侣，他们一起携手走过七十个春秋。

图2-33 袁文伯同谢赏梅的结婚照（1935年11月，资料来源：袁文伯提供）

第二章 求学历程

第三章
英士大学前后

大公职业学校时期

1937年夏天,袁文伯大学毕业,从上海回到家乡天台等候分配工作。当时,上海交大的毕业生一般都由国民党的铁道部分配在铁路系统工作。袁文伯回到家乡天台没几天,抗日战争便爆发了。七月七日,日本侵略者在卢沟桥发动侵略战争,接着又把侵略的战火烧到上海。国民党军队节节败退,敌人飞机到处狂轰滥炸。

就在袁文伯在天台家乡等候去铁路工作通知的时候,当时的国民党天台县政府接到上级通知,要给境内的公路桥梁准备抢修材料,要求境内公路桥梁被敌机炸毁时,能及时抢修。在天台这样一个小县城,尽管只是几座桁架桥,但当时也没有人懂得修筑桥梁。因为袁文伯是学习土木工程的大学毕业生,懂得一些桥梁知识。当时的天台县长梁济康通过袁文伯的堂叔袁鼐臣找袁文伯做这件事。在叔叔的举荐下,袁文伯去做这件事,但是去了之后,什么事也办不成。一无钱,二无料,公文推来推去。袁文伯作为一个初出茅庐的大学毕业生，过去一直埋头在技术书籍中，根本无法应付这样的工作环境。只干了二十几天就不干了，于是就到天台当地的几所中学教书。

当时天台有三所中学：一所是原来的天台中学，另外两所是因为战乱从上海搬到天台的育青中学①和大公中学，借用宗祠庙宇作为临时校舍。袁文伯受聘在这三所学校兼课，主要作为数理教员，担任数学和物理科目的老师。当时上课的

图 3-1 袁文伯大公职业学校的聘书

薪金是按上课的钟点计算的，十分微薄，三校合起来的工资共约三十元，生活非常艰难，只是勉强糊口。后来交通大学通知袁文伯去浙赣铁路报到，但是把袁文伯的报到信和另一位同学的寄错了，因当时上海、南京、杭州都已沦陷，金华亦已吃紧，袁文伯就没有去铁路报到。在中学教书原本是权宜之计，但因一时又找不到更好的工作，生活又吃紧，就暂且维持生计。

到了次年暑期，也就是1938年暑假，袁文伯应上海大公职业学校之聘，去做土木科教员，同去的还有他的初中老师、天台同乡施督辉先生，

---

① 1937年"七七"事变，不久上海沦陷。陈荩民因不愿在敌人统治下工作，故于当年10月返回故乡浙江天台。是时因抗战，致使本县及邻县的学生不能去外地读书，而且本县当时尚无一所"完全中学"，许多学生初中毕业后，无学可上，终日游手好闲，大好光阴虚掷，十分可惜。陈氏见于此，拿出历年来夫妇共同凭教学工资储蓄下的数万元，在各界人士的帮助下，把在上海市教育局立过案的育青中学迁来天台县复校。陈夫人闫振玉女士，于1925年毕业于北京师范大学物理系，曾任上海务本女子中学（中国最早的一所很有名的女子中学）校长，后又任私立上海育青中学校长。育青中学在天台复校后，闫任校长。陈氏从旁协助，各方奔波，除了拿出自己积蓄的数万元外，又向天台各界募捐土地、款项及建筑材料，并还借了款（此后数年，因还借款，全家常处于困苦之中），在天台县的郊区玉湖村，盖了三百间左右的房子作为校舍，并聘各方优秀教师来校任教。

第三章 英士大学前后 65

施先生就任大公职业学校副校长。大公职业学校是一所私立的中等技术专业学校，该校的校址在上海市龙华路局门路，1933年创办。抗战期间大公职业学校迁到公共租界汉口路九江路青云大楼的三层上课。因该校有土木科，对袁文伯而言专业更对口些，但实际上好多非土木科的课程也都在教，如数学、物理等课程，除此之外还有应用力学、材料力学、结构力学、测量学等课程。那时候，袁文伯上这些课都没有教材，需要自己撰写讲义。大概在1939年的时候，袁文伯同其交大同学范桂文在大公学校附近的一家素餐馆吃饭时，还曾拿出其在大公学校编的《测量学讲义》给范桂文看，并且请其提建议。范桂文在后来的回忆材料中曾提及此事[①]。做教师不同于做学生，系统讲义的编写需要对学科的整体理解和深入研究，多门课程的讲授更是一种锻炼，进而促进了袁文伯对这些课程的整体理解和融会贯通。

袁文伯在大公学校时，上的课非常多，大概每周要教20个小时的课，当时的薪金很低，按小时付工资，一小时挣不到一块钱。即便如此，教两年就教不下去了。当时上海是沦陷区的一座孤岛，除了法租界和英租界外都被包围了，生活极其艰难。靠着帝国主义租界的苟延残喘，袁文伯心里觉得很不是滋味。后经原交大同学徐桂芳介绍[②]，袁文伯来到英士大学工学院土木系做助教。当时，原杭高的老师瞿渭也在英大教物理，还有交大老校友赵曾珏[③]先生当时任浙江省电话局局长、兼任英士大学工学院长，以

---

① 参见中国矿业大学（北京）干部档案材料。

② 据袁文伯的档案材料。但后来据访谈时袁文伯讲也不单纯是因徐桂芳的介绍，也和交大其他的朋友有关系。

③ 赵曾珏（1901-2001），字真觉，上海人。1924年毕业于南洋公学（今上海交通大学）电机系，尔后赴美国哈佛大学深造。学成回国后在浙江大学任教3年，后历任浙江省电话管理局总工程师，1932年至1943年任东南电信局长、上海市公用局局长、浙江省电话局局长、兼任英士大学工学院长等职。1950年代曾力倡在台成立台湾交通大学电子研究所。1957年起在美国哥伦比亚大学河畔电子研究所任资深研究员至1966年退休。毕生从事工程科研工作，积极为华裔后辈开拓机会，主持美洲中国工程师学会的重组建设，成就卓著，德高望重。编著有《战后交通建设概论》、《中国之邮政事业》、《上海之公共事业》、《工程与工程师》、《科学与技术》、《上海港之将来》等书。

及袁文伯的同乡前辈陈荩民先生[①]、许植芳先生[②]等都在英大任教,陈荩民当时在英大任教务长,他们都欢迎袁文伯去英大任教。于是,袁文伯就来到了当时位于浙东丽水的英士大学。

英 士 大 学[③]

抗日战争时期,国民党浙江省政府及其所属单位迁移至浙江丽水地区,以云和县治为中心,分驻全区各地,时间长达 8 年多。丽水地区一度成为浙江抗战的大后方,成为当时浙江政治、经济、文化的中心。1938 年,抗日战争第二年,沿海不少城市沦陷,著名高校合并、西迁。考虑到抗战的长期性,若境内没有一所大学,每年毕业的高中生就没有升学的机会。虽然可以到大后方去读书,但战时交通困难,汇兑不便,费用浩大,没有多少人能去,进而可能影响浙江人才的培养。于是,浙江省政府决定在丽水创办一所大学。1938 年 11 月筹备"省立浙江战时大学"。1939 年 2 月,

---

① 陈荩民(1895-1981),原名陈宏勋,浙江天台县人。1916 年入北京高等师范学校(北京师范大学前身)数理部学习。曾举办平民学校,开展社会服务活动。1918 年加入北京大学、北京高师等进步学生组织的国民杂志社,任评议员,参加反帝反封建的爱国活动。1919 年五四游行时,与匡互生、杨明轩、朱究庭等翻墙进入卖国贼曹汝霖住宅院内打开大门,使游行队伍入内,痛打章宗祥,火烧赵家楼,被反动军警打伤、逮捕。经多方交涉,由校长保释。改名荩民,任北京学生联合会副主席。1920 年毕业后留校,任附中数学教师兼高师会计课主任。1921 年,赴法国里昂狄戎大学数学系,1925 年毕业,获理学硕士学位。同年回国被聘为浙江省立第六中学校长,此后曾任北京师范大学、北京大学、复旦大学教授、暨南大学数学系主任、广西大学教授。1935 年 2 月中国数学会成立,被选为评议员。1937 年 7 月上海沦陷,把育青中学迁至家乡天台,发动各界捐募办学。1939 年任英士大学教授兼教务长,后代理北洋工学院院长。抗日战争胜利后,任北洋大学教授兼理学院院长,并兼北平部主任。

② 许植芳,复旦大学教授,我国植物化学的先驱。

③ 1938 年,初名省立浙江战时大学。1939 年 5 月,为纪念辛亥革命志士陈英士,改称浙江省立英士大学。1943 年 4 月,改为国立英士大学。英士大学工学院划出,独立为国立北洋工学院。抗战期间,校址一再播迁。因工学院地处浙江泰顺百丈口镇,故史称"泰顺北洋工学院",国立北洋工学院以此基础复校;1945 年 6 月 6 日重长教育部的朱家骅又电令恢复英大工学院。1949 年 8 月 25 日,囿于极左势力的影响,以"陈英士反共"为名,英士大学被解散。

抗日的烽火燃烧到了大半个中国，战时大学正式开办。后因考虑"战时大学"是个临时性名字，创办虽在战时，办理却不应以战时为限。同年5月，为纪念辛亥革命先烈陈英士先生为国殉难，浙江战时大学改名为浙江省立英士大学，"籍示尊崇先烈，以永久纪念"。当时英大校徽的图案就取样于陈英士的铜像（见图）。1940年夏，袁文伯来到浙东丽水。当时抗日战争已经打了三年了，国民党蒋介石政府对内反共、欺压人民，对外一味献媚退让，节节败退，粤汉线以东的大中小城市和大片国土都沦陷了，只留下了一些偏僻山区。英士大学作为一所省立大学，刚刚创办一年，加之又地处东南抗战前缘，教师非常缺乏，生活条件也异常艰苦。袁文伯就是在这种环境下来到英大任教的。

在抗战的大背景下，处于初创阶段的英士大学，师资缺乏，办学条件简陋。英大的工学院设在丽水的三岩寺，设土木工程、机电工程、应用化学3个系；当时的土木工程系刚刚招生，只有一年级的学生。因师资奇缺，刚去英士的袁文伯虽然还只是一个年轻的助教，但不久就独立讲课了。最初土木系的教师只有袁文伯一人，后来又找到一位40多岁的老师教测量，袁文伯和这位老师一起创办了英大的测量系。与此同时，另一位教应用力学和材料力学的教师，让袁文伯帮忙一起上课。于是，第二年，袁文伯又有了新课——结构力学和材料力学。这两门课程对于土木工程专业而言是非常重要的核心课程，除此之外，袁文伯又讲了结构理论和钢筋混凝土结构等一系列力学和结构方面的课程。抗战流亡时期，办学条件极其艰苦，教室是茅棚，宿舍租用的是农房，一日三餐很是清苦。袁文伯为了上好这些课程在青油灯下撰写讲义。先后在1943年在北洋工学院编写了"木结构设计"讲义，1945年在英士大学编写了"结构学问题"讲义。二稿后来都未经整理。两部讲义的编写，花费了袁文伯很多的心血，也奠定了其在结构力学和材料力学学科方面坚实的基础。从此以后，结构力学成为其一生研究的最主要的方向。由于袁文伯个人的积极努力，过了五六年之后，袁文伯就成了英士大学在力学和结构学方面的主要教师了。

抗战期间，英士大学作为一所流亡大学，校址一迁再迁。1942年5月，校址播迁云和。1942年夏，浙江丽水沦陷。12月29日行政院第606次会议决定:"东南联合大学归并英士大学,而将英士大学改为国立。英士大学工学院划出,独立为国立北洋工学院。"1943 年 3 月,英大师生在当时的校长杜佐周的带领下,转迁至浙南非常偏僻的山区泰顺司前,师生多达 800 余人。司前的工作条件和生活条件极度恶劣,袁文伯依然坚持在黯淡的青油灯下备课、写讲义。袁文伯的"木结构设计"讲义就是在这一极其艰难的岁月编写的。由于通货恶性膨胀,物价一日三涨,生活极度贫困。袁文伯对国民党政府的抗战失去了信心,颠沛流离的生活不知何时方了,因而处于极度苦闷之中。

英士大学原有工学院、农学院和医学院三个学院。1943 年 6 月 2 日,教育部指令东南联大文、理、商三学院并入暨南大学,法学院与艺术专修科并入英士大学,7 月底所有移交工作全部结束。这样英士大学又增设了法学院,袁文伯的弟弟袁祥基(后改名为袁基)1945 年毕业于英士大学法学院,后留在英大法学院当助教。独立出来英士大学的工学院,即后来的北洋工学院,搬到离司前约十公里一个名叫百丈口的小镇上,袁文伯随迁至此。在百丈口北洋工学院的工作条件和司前差不多,教室是茅棚,宿舍是租农民的房子,只是生活上越来越艰苦了。

抗战时期大学教师的处境是十分悲惨的。《华罗庚传》中曾记载过当时流行的一则笑话,反映出当时大学教授的困窘。笑话说的是一位教授走在前面,一个要饭的跟在后面,大概跟了一条街,前面的那位教授实在没办法了,回头对乞丐说:"我是教授!"说完,那个乞丐就跑掉了!因为连要饭的都知道教授很穷。尽管可能有些调侃,但这则笑话以反讽的方式说

图 3-2 国立英士大学的校徽、毕业纪念章和图书馆藏书印章

明了当时大学教授的困境。

1944年夏,袁文伯从百丈口的北洋工学院回天台老家渡暑假。因当时校址地属偏僻,交通不便,又没有什么交通工具,只得靠步行。从泰顺到天台,要绕道敌人后方山区,重重叠叠的山路,中间没有人家,按每日平路走120华里,山路走80华里计算,单程也要走10天才能到。回家后不久,温州沦陷,从天台回百丈口要经过温州。交通阻断了,回百丈口有困难了。于是,袁文伯就又在从宁波迁到宁海的鄞县联合中学教书,暂渡难关。

1945年8月,日本投降,抗战胜利了。袁文伯又回到英士大学工学院土木系任副教授,此时北洋工学院[①]又并入了英士大学,迁到温州,次年迁址金华。终于盼到抗战胜利,袁文伯满以为这下有了太平日子,可以好好地安心做点学问。可是国民党蒋介石抢占了抗战的胜利果实,全面发动反共内战,使人民再一次处于水深火热之中。

1949年初夏,金华解放了,英士大学被接管。同年8月25日,由于校名是纪念陈英士,囿于极左势力的影响,英士大学被解散。中华人民共和国成立后,1950年,根据初步的大学院校调整计划,英士大学遭裁撤废校,部分科系并入复旦大学,其余英士大学师生大部分转入浙江大学,对于当时浙大并不十分缺乏师资的专业的教师并没有完全接纳。当时的浙大因结构力学方面有钱令希[②]先生在那里任教,所以并不缺少相关方面的师

---

① 据徐桂芳回忆,北洋工学院薪水表上的工资比交大要高。见朱隆泉主编:《思源湖——上海交通大学百年故事撷英》之"往事随想"。上海交通大学出版社,2006年。

② 钱令希(1916年-),江苏无锡人,工程力学家,著名力学家和教育家、中国科学院院士,是我国计算力学工程结构优化设计的开拓者。1936年毕业于上海中法国立工学院,后留学比利时布鲁塞尔自由大学。1938年回国。1943年11月,应浙江大学工学院院长王国松教授之邀,到内迁遵义的浙大任教。在那里,他受竺可桢校长倡导的"求是"学风的影响,埋头钻研学术,写出了一篇篇崭露头角的学术论文,其中"悬索桥近似分析"一文,经内迁重庆的北平图书馆推荐,在美国《土木工程学报》上发表,此文后经美国土木工程学会评议,被授予1951年的莫采夫(Moiseff)奖。但因当时正值抗美援朝,钱令希拒绝接受该奖项。他的另一篇关于梁与拱的函数分析与感应图的论文,1946年也得了当时政府颁发的科学奖。1950年任浙大土木系主任,主要的研究方向是工程力学和计算力学。1952年受大连工学院(现大连理工大学)院长屈伯川博士之邀来到大连工学院工作。1955年当选为中国科学院学部委员,后一直在大工工作,是大连理工大学计算力学专业的开创者。

资，袁文伯就没有随之并入浙大。英大解散后，英大的一些教师去向不明，袁文伯也开始了短暂的失业，这是其一生中唯一的一次短暂的失业阶段。于是，袁文伯带着家人来到杭州寻找出路，最初住在一位在铁路系统工作的秦姓工程师家中。这位秦姓工程师系之江大学校友，在他的介绍下，袁文伯来到了位于杭州钱塘江畔的教会大学——之江大学工学院土木系任教。

第四章
执教之江

图 4-1 之江大学旧址（资料来源：浙江大学之江学院网站）

袁文伯的前半生历经军阀混战、日寇入侵和国民党的黑暗统治。在那段时期，旧中国知识分子所受到的磨难和煎熬是生活在现在的人难以想象的。尤其像袁文伯这样的忠厚老实、"有道有德之士"[①]，在成家立业的人生道路上须翻越无数穷山险岭，靠那微薄的薪水去养家糊口，生活是很艰难的。除了维持最基本的生活开销外，还需承担子女的教育费用，能够熬过来是很不容易的。除了过生活关，对教师

---

① 此语出自袁文伯的档案材料，系袁文伯的初中老师丁洪范先生对他的评价。

来说更大的问题就是创业难。与现在不同，那个年代到了期末，教师只有接到学校当局的聘书函件，才有新学年的工作岗位，社会竞争十分残酷。如果没有出洋镀过金，任凭学问怎样好也不容易或不可能被请到大学里去当教授[①]。袁文伯因为抗战的影响没有机会出国留学，但凭借其聪明、勤奋、努力钻研和真才实学得以在浙江这一人才济济之地站稳了大学讲台，并凭其能力和实力受聘于之江大学，并被委以重任。

之江大学是建国前创办的一所教会大学[②]，是华东地区4所教会大学[③]之一，在全国高校中具有一定的影响，在传播科学文化知识，造就人才方面做出了较大的贡献。

之江大学的前身是宁波崇信义塾（Boys Boarding Scool），是1845年由美国基督教长老会创办的，最初的崇信义塾相当于现在的小学文化程度。1880年开始注重理科、搞科学实验，举办通俗科学知识讲演，传授西洋科学知识。1897年，正式称育英义塾为"育英书院"（Hangchow Presbyterian

---

[①] 民国初年，大学首先聘用学成归国的留学生。此后，大批留学生学成归国，具有外国大学文凭的学者专家，成为高校教师的重要来源。教会办圣约翰大学，教师主要由美国差会选派外籍教员担任，也有华籍教师。1927年以后，南京国民政府相继颁布《大学教员资格条例》《专科学校组织法》和《大学组织法》等，对高校教师基本的任职资格作出规定。规定大学助教须国内外大学获学士学位者，讲师须国内外大学获硕士学位者，副教授须国外大学研究院研究若干年、获博士学位者。1930年，国立中央大学商学院25名专任教师，其中留学美国者12人、日本者4人、英国者2人、法国者1人，其余毕业于国内专科以上学校；获博士学位6人、硕士学位7人、学士学位12人。国民政府前期，各类大学教师水准比较高，其中公立大学比私立大学更为整齐。1935年，上海市教职员工2264人，有国内外大学学位证书者1660人，占教师总数73.3%，其中留学国外获学位者905人，占教师总数40%。1936年，教师2366人。1937年上海沦陷后，大学教师锐减。1945年复员，教师数量质量均恢复战前水平。40年代以后，部分私立大学教师大多兼职，由校方直接向职业界聘请富有实际经验的资深人士充任，有的教师同时兼任几所大学。当时，上海奖励的许多老师亦是如此。上海解放后，绝大多数高校教师留用。据《上海通志》。

[②] 新中国成立前，中国有多所教会大学，诸如燕京大学、齐鲁大学、东吴大学、圣约翰大学、之江大学、华西协和大学、华中大学、金陵大学、华南女子文理学院、湘雅医科大学、金陵女子文理学院、沪江大学、岭南大学、协和大学等。虽然数量不多，但起点很高。在当时的历史条件下，特别是在20世纪20年代以后，教会大学在中国教育近代化过程中起着某种程度的示范与导向作用。因为它在体制、机构、计划、课程、方法乃至规章制度诸多方面，更为直接地引进西方近代教育模式，从而在教育界和社会上产生了颇为深刻的影响。可以说，教会大学是中国近代教育史不可缺少的重要篇章，它们为中国高等教育做出了重要的贡献。

[③] 指沪江、东吴、圣约翰和之江四所大学。

College）。从1907年起，在杭州秦望山麓二龙头修建新校舍，该处三面环山，面临钱塘江，又当六和塔西侧，地势开阔，江山如画。因地处钱塘江弯曲处，成"之"字形故取名之江学堂。1914年改名为之江大学（Hangchow Christian college）。

之江大学在1920年代开始施行新学制，学校还首次引进了西式的学位帽和礼服，实行课外活动学分制，鼓励学生参加课外活动。1928年因经费问题曾一度停办。1929年秋又复校。从此，之大的校务行政由中国人自己主持，但大事仍由美国"差会"决定。1948年，民国政府教育部核准之江为综合性大学。1950年，校董会推选原上海交大老校长黎照寰为校长，之大不再接受任何外国经费而独立办学，尽管黎照寰后来也曾试图到美国去募捐，但在当时这是很不现实的想法。

1949年8月，袁文伯来到之江大学。由于当是时之江大学缺乏相关结构力学方面的师资，袁文伯来到之江后如鱼得水，开了很多门课程，如结构力学、高级结构力学，结构设计、钢筋混凝土、钢筋混凝土设计等。同时，还新开设了应用天文、应用结构基础等课程等。应用天文原本是请浙大的一位教授教的，后来校方看到袁文伯的书架上有五、六本应用天文书方面的书，便问其能否开这门课。袁文伯原来在交大的时候，李谦若先生曾经给他们开过这门课，加之自己也看了一些相关方面的书，便应承下来。这样，袁文伯几乎一人全揽了之江大学土木工程专业有关结构方面的主要课程，因此，那时候，袁文伯几乎每个学期都要教三、四门课，教学工作任务繁重。袁文伯全身心地投入到之大的教学工作中，他的到来把之江大学结构方面的教学问题都解决了，所以之江大学非常欢迎袁文伯留的到来，并且也给予了十分优厚的待遇。

在之江大学的生活条件和工作环境非常优越。之江大学位于钱塘江边，环境非常优美。袁文伯一家住在一幢小楼里。当时，一般教了七八年的副教授才给发320元，袁文伯一下子就拿到了副教授中的最高级420元，是之江大学副教授中薪级最高的。之江付给他的高薪，是对其能力和学识的认可。1949年前后，大学老师的待遇并不是很高，之江一般的老师也就是每月一百四十几块，但这已比当时浙大教授的工资标准还高，袁文伯在之江每月420元的收入比浙大的高级教授还高，甚至当时很多人还让袁文伯帮忙介绍到之江工作。之江大学优越的工作环境和生活条件，使袁文伯的生活得到彻底的改观。尽管此前袁文伯没有参加革命，也没有出国留学，但是他凭借自己的辛勤努力和真才实学得到了承认，并在经济上获得了翻身。

袁文伯在之江大学大约工作了两年。这两年，是他一生中工作极为繁忙的两年。在这两年中，他的工作非常充实和饱满，他教学非常认真，并取得了很好的效果和评价。他后来到中国矿业学院的同事、因讲课好而负胜名的何富宝教授就是其在之大的学生。

不过，尽管之江大学的工作环境和生活条件都非常优越，但在当时的政治环境下，袁文伯也隐约预感到作为教会大学的之江大学的办学前景并不十分乐观。恰逢此时，刚刚创立的中国矿业学院，因师资缺乏到处招揽人才。当时中国矿业学院的院长吴子牧[①]托自己的同班同学严育新帮助招聘教师。而严育新恰好是著名教育家、曾任英士大学教务长和北洋工学院院长的陈荩民的小舅子。严育新便托姐夫陈荩民帮助推荐，陈荩民便向严推荐了一批原来英士大学的教师。前面提到过，陈荩民是袁文伯老家天台的同乡前辈，同时也是原英士大学的教务长、国立北洋工学院院长，当年袁文伯去英大任教也同陈荩民有一定关系，彼此很熟悉。这样，在陈荩民的介绍下，当时中国矿业学院在上海招人时，首先找到了原英士大学的王珪琛[②]和瞿渭两位老师，这两位在上海都是老前辈，也都是老英大的教师。王珪琛对此事比较积极，到处写信，帮助矿业学院找人。因同是英大的旧同事，早年又曾与袁文伯在英大一起合作教应用力学和材料力学，袁文伯收到了王珪琛的信。当时，一方面由于袁文伯对之江大学作为一所教会大学的办学前景不是很乐观，另外又考虑到自己这些年的生活圈子主要限于

---

① 吴子牧（1914-1970），江西宜黄人，青年时代投身革命，参加了"一二九"运动。1936年赴法留学。1938年回国，参加革命工作。新中国成立后，吴子牧到高等教育战线工作。从1950年到1961年，担任中国矿业学院、北京矿业学院副院长、院长、党委书记，为学校的发展，倾注了大量的心血。后调任中共北京市委常委、大学工作部部长，"文化大革命"中受迫害，1970年10月1日在北京逝世，终年56岁。

② 上海国立航务学院（原上海海运学院，现在的上海海事大学的前身）教授。

浙江、上海的狭小范围,也希望到更广阔的天地去施展才华,加之中国矿业学院也开列出了一些比较优越的条件,当时承诺的条件是 800—1200 斤小米[1]。尽管从薪水上看并没有当时之江大学的收入多,但经综合权衡考量袁文伯还是做出了北上中国矿业学院任教的选择。

1951 年 8 月,袁文伯离开之江大学。第二年,即 1952 年夏,全国高等院校调整院系,取消了全部教会大学,之江大学也随之解散,李恩良[2]等土木系、机械系的 7 位教授、6 位副教授、18 位讲师助教、2 位职员共 33 名去浙大工作[3]。之大的建筑工程系并入上海同济大学,商学院的工商管理财经系并入上海财经学院,工程学院各系并入浙江大学;文学院各系及部分数理化学系进入浙江师范学院(后又并入浙江大学),从而结束了之江大学百余年的办学历史。由此,我们也可以推测,如果袁文伯不北上中国矿业学院的话,他也可能会去浙大工作。

---

[1] 新中国刚成立不久,为抵抗通货膨胀,收入按粮食计,据袁文伯先生在中国矿业学院教师登记表上记载,袁文伯到中国矿业学院的月薪是 1200 斤小米。

[2] 李恩良(1912-2008),广东新宁(今台山)人。1937 年毕业于之江大学土木系。1939 年获美国密歇根大学理学硕士学位。1941 年获美国康奈尔大学哲学博士学位。回国后,曾任浙江大学副教授、复旦大学教授。建国后,历任之江大学教授、浙江大学教授、土木系主任、副校长、浙江工学院(浙江工业大学)教授、院长,浙江省建筑学会第二、三届副理事长,1991 年起享受政府特殊津贴。专于结构工程、钢筋混凝土结构。撰有论文"钢筋混凝土超静定结构的弹塑性计算"、"预应力钢筋混凝土连续梁的试验研究"。

[3] 参见《浙大校史》。

第五章
矿院春秋

18世纪，以煤炭为动力的新式蒸汽机的应用引发了欧洲工业革命，煤炭成为近现代工业文明的动力之源。有数据显示，至1913年，煤炭占世界一次能源总量的92%以上。我国工矿泰斗孙越崎先生曾说过："钢铁是机械之母，煤炭为动力之源。"这句话生动地表达了煤炭在现代工业中的重要地位。

中华人民共和国的成立是中国历史上翻天覆地的大事件。新中国创建伊始，百废待举，集中力量恢复国民经济，成为一项牵动全局的中心任务。作为工业建设基础工业的能源行业更是其他工业发展之基础。早在1949年5月，中共中央就决定以华北重工业部为基础组建中央燃料工业部。1949年10月，中华人民共和国成立，燃料工业部也正式成立，成为中央人民政府政务院的一个部门，领导全国煤炭、电力和石油工业的生产建设。1950年6月，在中共七届三中全会上，毛泽东主席发出为争取国家财政经济状况的基本好转而斗争的伟大号召。在工业方面，国家拨出大量资金进行重点建设，兴建了一批大中型骨干企业。在这种情况下，统管全国煤炭、电力、石油三个行业的中央人民政府燃料工业部，为适应全面恢复国民经济的需要，为培养大量的煤矿建设专门技术人才，必须迅速扩大矿业高等院校的规模。其具体措施之一便是在北方迅速扩大焦作工学院的招生规模，并以其为基础创建中国矿业学院。

图 5-1 中国矿业学院在天津时的办公场所（开滦大楼外景和内景）

焦作工院其前身就是 1909 年创办的焦作学堂，其后经福中矿务专门学校、福中矿务大学、私立焦作工学院的变迁；抗战爆发后，与北洋大学工学院、东北大学工学院、北平大学工学院合组成西北工学院；抗战胜利后，焦作工学院在河南洛阳复校，在战火中几经辗转，1949 年 9 月返回焦作。同年 12 月，人民政府接管了焦作工学院。

当时，焦作工学院是国内唯一的矿业高等学校，但由于地处焦作矿区，较为偏僻，交通不便，聘请老师比较困难，而且在原地发展同样也需要大量投资，迅速扩大规模更是困难。时值国民经济恢复时期，又恰逢朝鲜战争爆发，国家财政十分困难，因此，燃料工业部决定以焦作工学院为基础，筹建中国矿业学院。1950 年 8 月，在天津创办了中国矿业学院。

中国矿业学院天津时期（1951 年 8 月—1953 年 8 月）

中国矿业学院在天津办学的各项工作随继雷厉风行地展开。当时以开滦大楼[①]为办公、教学用房，租用泰来饭店作为教师和学生宿舍，操场是

---

① 开滦矿务局大楼是开滦矿务总局在中国天津建造的总部大楼，兴建于 1920 年，选址在天津英租界的咪哆士道（今和平区泰安道 5 号），该建筑目前是天津市文物保护单位和特殊保护等级历史风貌建筑。

天津市的体育场,礼堂是当时天津的大光明电影院。开滦大楼、泰来饭店地处原来的英租界,可以算是天津最有名的建筑和最高档的住宅区之一。建筑宏伟,富丽堂皇,还有街心花园,非常安静漂亮。"在天津住泰来饭店,双人间,两张单人床,两把椅子,中间一张大方桌,有洗澡间,内有洗脸盆。上课在开滦大楼,教室全铺木地板。吃饭另有大食堂,每天早上在街边跑步,下午集体到天津体育场活动。"自习教室是由咖啡厅改造的,举行活动包括开学典礼,都是在学校旁边的大光明电影院进行。

中国矿业学院的创办,是当时天津教育界的一件大事。解放初期,天津仅有几所大学,主要都是新中国成立前办的老学校,如北洋大学、南开大学、津沽大学等,而展现在人们面前的中国矿业学院则是一所在党和政府的关怀下仿照苏联的高等学校模式建立起来的非常专业化的新型大学,引起了当时天津各界的普遍关注。

当时,中国矿业学院被看作是一所新型的工人大学,学生享受国家干部待遇,实行供给制。每个学生每月大约160斤小米,吃大灶,

图 5-2 天津时期的工人大学生

图 5-3 天津时期作为教师和学生宿舍的泰来饭店

第五章 矿院春秋

一切学杂费、伙食费、住宿费全部由国家供给，每月还发给学生生活津贴；课本、讲义也由学校提供，制图仪器可以借用，春天发一套灰色制服，两件衬衣、一条长裤或者发两套制服，冬天发一套棉制服，夏天还发给蚊帐，暑假时还组织学生到北戴河煤矿工人疗养院去进行大约1个月的度假。这样的社会主义大学在中国的历史上可以说是绝无仅有。

中国矿业学院建校之初，学校的师资力量还比较匮乏，为了适应学校进一步发展的需要，学院采取多种措施通过多种途径大力引进师资，还特地到教育、科学发展相对发达的上海招人。当时学院的院长吴子牧说，学校要搞好办学，归根结底是人的问题，没有高水平的老师队伍，怎么也不行。为此，吴子牧大刀阔斧地进行改革，在全国范围内招聘教师，对引进的教师在其原有职称上提升一级，这一项即有魄力又有吸引力的政策，在全国引起很大反响，许多名牌学校如北大、清华、北师大等大学的毕业生以及一些高校教师纷纷来校应聘。袁文伯就是在这种情况下被引入中国矿业学院的。

图5-4　1953年6月3日，谢企彭（二排左十）和袁文伯（二排左九）带领建50级学生从天津到北京了解新校园的建设情况，在天安门前合影（时任中国矿业学院建筑系系主任）

1951年初，中国矿业学院全院教师为72人，其中原有教师20余人，至同年秋季，通过招聘全院教师人数已增至120余人。袁文伯是在1951年8月来到中国矿业学院工作的，被聘为矿山土木系教授。当时中国矿业学院土木系的教授还有谢企彭、王力仁、郭冠宇、于钟、吴甲英等。袁文伯来到了欣欣向荣、生机勃勃的矿业学院，担任的功课主要是三、四年级的结构学及混凝土课程。出于对新中国的满腔热情和多年来严谨治学的积累和训练，袁文伯全身心地投入到教学之中。

袁文伯在天津时教的学生主要是"建50班"，这个班是袁文伯任课最多的一个班，也是和他交往最为密切的一个班，直到现在这个班的很多学生还同袁文伯保持着较密切的联系，在外地的学生经常给袁文伯打电话，在北京的同学还经常组织去探望袁老。毕业后他们也曾多次在北京相聚。

中国矿业学院在天津时，矿业学院租了20多处房子，分布在天津的3个区。袁文伯家当时住的是镇南道166号原英租界的房子，是一栋英式小楼。当时一栋楼住三、四家。袁文伯家同和谢企彭家住楼上，楼下是顾秉彝[①]一家，另外房东自己还留了一两间房子住。每家的面积大概是150—200平方米左右，居住条件虽然比不上之江大学的独栋小楼，但整体也还相当不错。

中国矿业学院的天津岁月是短暂的，加起来大概只有短短的两年时间。鉴于天津分散的环境不适于办学，着眼于矿业学院的长远发展，中央政府决定在北京西郊新建永久校舍。于是，就开始了轰轰烈烈的北京建校历程。1953年6月3日，谢企彭和袁文伯曾经带领建50级学生从天津到北京了解新校园的建设情况，并在天安门前合影。1953年8月，津院的师生员工及图书、仪器等陆续搬到北京，袁文伯也随迁来到了中国的政治中心——北京，中国矿业学院也就此更名为"北京矿业学院"，成为北京学院路上八大学院中的一员。20世纪50年代，由于煤炭作为能源的基础性地位，北京矿业学院是学院路上颇具影响的一所学校，当时流传着"穷钢铁，富石油，了不起的大矿院"的说法。

[①] 中国矿业大学矿山测量专业教授。

北京矿业学院时期（1953年—1966年）

早在天津的中国矿业学院时期，就已经启动了北京建校工作。在当时的教育部和燃料工业部的大力支持下，中国矿业学院北京建校的工作进展十分顺利且迅速。1952年6月中央财经委正式批准立项。7月，北京市人民政府批准建校用地，工程破土动工。11月，当年招收的新生即在北京新校址入学上课。到1953年秋季，搬迁工作顺利完成。一所新型的、初具规模的煤炭高等学校——北京矿业学院在北京西郊文教区建立起来。

北京建校初期，教学和生活条件应该说比天津时期更为艰苦，但学院的领导者们为学校的未来描绘出了一幅令人鼓舞的蓝图，师生员工都从中看到了学院发展的美好明天。新中国在迅速地向着社会主义道路迈进，作为为祖国培养重工业高级技术人才的学校之一的矿业学院在飞跃地发展，

图5-5　1953年6月初于北京矿业学院新建校舍内（中间站立讲话者为北京矿业学院建筑系系主任谢企彭，左四为袁文伯。资料来源：袁文伯提供）

同学、教师及干部在大量增加，图书、仪器设备在不断地添置，广大师生都为此而感到欢欣鼓舞。袁文伯置身其中，也倍受鼓舞，并以饱满的热情投身于工作之中。

刚刚建立起来的北京矿业学院，图书资料情况还相对薄弱。爱读书的袁文伯曾向学校图书馆建议，要多买书。后来，学院的图书馆事业得到了较快的发展。到1956年9月，馆藏图书由1953年的4万多册增加到14多万册，为教学和科研活动的开展创造了条件。

学习俄文

新中国成立之初，以美国为首的西方敌对势力对我国实行全面的封锁和孤立。为了打破帝国主义的封锁，新生的人民共和国只能实行"一边倒"的政策，倒向社会主义的苏联。1950年2月14日，中俄两国签署了《中苏友好同盟互助条约》，条约提出了苏联向中国提供一些援助，包括后来派遣专家等；1950年10月，朝鲜战争爆发，中国人民志愿军入朝作战。相当于同西方彻底翻脸；1951年11月，联合国大会通过对华禁运提案。这意味着中国不大可能再得到西方的技术，只能依赖苏联和东欧。"事实上，如果不是冷战和朝鲜战争等国际大气候促使新一届共产党领导人与苏联建立起一种亲密关系的话，从国际经验来看，也许会有更多样的、更有选择余地的因素融合进中国人的视野"，"国际上的政治气候，特别是冷战的升级以及中国从1950年10月到1953年对朝鲜战争的介入，导致了中国领导人在这一时期与苏联领导人之间的关系越来越密切。"当时国内的主导思想是：苏联是比中国早32年建立的社会主义国家，在社会主义建设方面积累了丰富的经验；中苏是友好邻邦，并且当时的苏联政府也愿意帮助中国；苏联原有的科学技术在沙皇俄国时期的水平就比较高，经过"以马克思列宁主义为指导，批判地吸收了西方的科学技术"[1]，更适合社会主义中国的需要。在教育方面最明显的表现就是大批苏联专家担任国家各个

---

[1] 王谷岩：《贝时璋传》。科学出版社，2010年，第135页。

部委的顾问，并从事高等学校相关教学工作及研究工作的指导。在他们的帮助下，中国教育体系的改革方针从"自力更生、稳步前进"转变成了全面仿效苏联的教育模式及其实践。①

从历史的观点看，当时中国的高等教育必须学习苏联，这是因为：第一，在当时的国际国内环境和形势下，学习苏联经验是20世纪50年代的一项重要国策，全国范围内都在进行，教育包括高等教育作为社会主义改造与建设的一个有机组成部分，也只能执行这一国策。第二，在国民经济的第一个五年计划中，主要项目都是由苏联专家帮助设计和建立的，这些项目所急需的工程技术、自然科学、经营管理等各个方面高级专门人才，也只能按苏联的高等教育模式来培养。第三，由于当时帝国主义国家在外交上孤立中国，在经济上、科学技术上对我国实行封锁，致使中国很难获取资本主义国家高等教育的信息，也无法借鉴他们的办学经验。第四，在当时的国际环境下，苏联教育经验从思想体系到教材、教法等，都具有社会主义性质，并且具有一定的先进性和合理性。

在这种环境下，中国矿业学院作为一所新中国成立后着力创办的新型大学，十分重视对苏联的学习，绝大多数教师对于学习苏联科学技术的态度也是十分积极的。学习苏联经验最直接的具体措施，就是聘请苏联的专业教育专家进行教育教学改革并进行讲学和师资培训。在教育部的统一安排下，许多高校聘请了一批苏联专家来校讲学或做顾问来帮助学校建设。中国矿业学院着眼于现有技术的新发展，着眼于用新知识、新技术解决实际中的问题，同时也为了更好地向苏联专家学习，吸取苏联的先进经

图5-6 袁文伯翻译的《公路上的闸门桥梁和涵洞》(1956年出版)

---

① 【加】许美德：《中国大学 1895—1995：一个文化冲突的世纪》。教育科学出版社，2000年，第108页。

验，学院掀起了学习俄语的热潮。学院组织了俄文的专修班，同时还组织了教师业余俄文专业阅读速成班，力争达到学习三年后有阅读俄文参考书的能力。到 1953 年 10 月，共组织了 3 次速成班，90% 以上的教师参加了学习，袁文伯也参加了学院组织的俄语学习。

当时，中国矿业学院师生学习俄文的积极性很高。早在天津的时候，每天早晨上课前，不少同学都要到校区对面的公园内学习俄文，并向公园里的苏联人请教，练习发音和会话。通过对俄文的突击学习，教师们初步掌握了俄文的基础语法和一定数量的词汇，多数人能够借助字典阅读或翻译专业书籍，为学习苏联高等教育的教学经验和先进的科学技术创造了条件。具有较强外语学习能力的袁文伯面对一门新语言的学习更是如鱼得水。

袁文伯几乎从初中开始就使用英文教材，英语具有很好的基础和较强的应用能力。除此之外，高中时他还学习了一些德文，能够进行简单的阅读。两种语言的学习，使其体会到一套学习语言的行之有效方法，特别是对于语法的学习和句子结构的处理。学习俄文也是如此，因此袁文伯学习俄文入门很快，不久就开始偿试着看一些专业方面的俄文书籍，甚至开始了俄文专业书籍的翻译工作。

翻译俄文教材

高等教育仿照苏联，很重要的方面是按照苏联高等教育教学的模式改造中国的专业建制，制订相应的教学计划和教学大纲，并选用苏联高等学校的一些教材，特别是各专业课程的教材。与英美高等学校的教材相比较，苏联教材具有高度的思想性、科学性，并以唯物辩证法为指导，系统性强，强调理论联系实际等特点；同时，也对翻译者的专业素质和综合修养提出了较高的要求。

1952 年苏联专家来到中国矿业学院后，学校立即成立了翻译室，在翻译讲话、报告和授课讲义的同时，也开始大量翻译苏联的教学大纲、专业课教科书和教学参考书等。到 1952 年底，学校已翻译出 50 多种教学大纲，并印出其中的28种，同时采用苏联教科书10多种。1953年以后，北京矿业学院的教师通过俄文速成班突击学习俄文，大多数人能够阅读或翻译苏联教材。许多老师在缺乏教科书译本的情况下，就主动担负起翻译工作。在开始一段时间内，多采用一边翻译，一边油印成讲义，发给学生使用，边讲边译，以解决一时之需。后来逐步有了正式出版的苏联教科书译本。据不完全统计，1953年至1957年间，北京矿业学院编译出版了苏联有关专业的教科书、教学参考书和苏联专家讲义近100种，很好地完成了教学内容方面学习苏联的工作[①]。

20世纪50年代，正值年富力强的袁文伯，在学校组织学习俄文的基础上，刻苦自学，学以致用，进行了大量相关俄文专业书籍和教材的翻译工作。袁文伯翻译的第一本书是苏联专家恩·斯·彼特罗夫著的《测量误差原理》。这是一本关于测量学的专业书籍。当他的这本书翻译出来后，很多人感到奇怪，说袁文伯不是搞测量专业的，怎么还能翻译测量误差？殊不知误差原理实际上就是原来袁文伯曾经多次教过的最小二乘方这门课。教这门课的人不多，教好的人也不多。一般是教测量的人不懂数学原理，教数学的人又不懂工程。该门课程的实质就是取平均数的概率论问题，取平均数实际上是概率最大、误差最小。最初翻译的时候，袁文伯的俄文并不是很熟练，毕竟才刚刚自学半年多。但他之所以能够翻译这本书，主要是他精通专业，因而才能准确地翻译。通过对专业书籍的翻译，袁文伯的俄文阅读水平得到了很大的提升《测量误差原理》一书1954年11月由当时的燃料工业出版社出版，后来被许多专科学校用作教材。

袁文伯翻译的第二部著作是A.A.德罗诺夫等著的《公路上的闸门桥梁和涵洞》，这本书的翻译工作是当时交通出版社的编辑同志找上门来，让袁文伯来帮助翻译的。袁文伯一看是本专业书籍，自己对这方面也有兴趣，便翻译起来。1956年10月，这本书由人民交通出版社出版。在1954年到1958年短短的四年时间里，袁文伯先后翻译了《测量误差原理》

[①] 《中国煤炭高等教育史》，中国矿业大学出版社，2001年，第52页。

图 5-7 袁文伯翻译的《测量误差原理》（1954年出版）　　图 5-8 袁文伯翻译的《钢梁极限状态》（1957年出版）　　图 5-9 袁文伯的译著《极限平衡法的结构承载能力的计算》（1958年出版）

（1954年）、《公路上的闸门桥梁和涵洞》（1956年）、《钢梁极限状态》（1957年）、《极限平衡法结构承载能的计算》（1958年）四本专业书籍。这四本书几乎都是袁文伯在繁忙的教学和科研工作之余，抓紧时间翻译出来的。这几部书的翻译工作，算不上什么工作任务，主要是出于自己的兴趣，特别是后两部著作，与袁文伯的主要研究方向密切相关，通过翻译工作，促进了袁文伯对相关方面的了解和研究。同时按他自己的说法是也可以贴补家用。除此之外，袁文伯还应学校和出版社之约校译或审阅了雅·姆·哈文著的《矿井地面工业建筑物》[1]、《选矿厂与团矿厂建筑原理》[2]（1957年6月，煤炭工业出版社）、《装配式凿井井架》[3]（1958年，煤炭工业出版社）、

---

[1] 该书是由北京矿业学院的杨可飞同志翻译，由袁文伯审校。该书封面署名是北京矿业学院编译室译，北京矿业学院矿井建设教研组审订，该书的版权页上标注了由袁文伯审校。详见《矿井地面工业建筑物》，燃料工业出版社，1954年版。该书系统地阐述了矿井地面的建筑物与结构物。对有关现代矿场全部生产技术过程的建筑物与结构物的设计和建造问题作了详细的研究，并对矿场建筑物与结构物所提出的特殊要求作了详尽的论述。

[2] 该书由苏联Н·雅尔玛柯夫著，高慎明译，是苏联煤炭工业部教育司批准的中等矿业学校选煤与煤砖制造专业的教材。该书主要阐述了选煤厂和团矿厂的主要材料和工程类别。对选煤厂和团矿厂房屋及其结构物的各部分构件，以及建筑工程施工组织和机械化施工工法等做了详细的说明。

[3] 该书主要是关于井架设计和标准化问题，并介绍了有关井架制造、安装、拆卸和使用规程的资料。该书未标有译校者和出版年限。

《掘进井架天轮平台的计算和设计》[1]（1958年，煤炭工业出版社）、《矿井地面建筑施工准备工作和施工组织设计的编制》（1958年9月，煤炭工业出版社）等书籍[2]。其中《矿井地面工业建筑物》一书原是苏联煤矿工业部教育司审定的采矿技术学校教材，被用作矿山建设专业的教材。尽管袁文伯翻译和校译了多部著作，但是那时的校译也不算作科研成果，甚至很多书校译者都不给属名，而是冠之以单位或小组的名义。整体看来，袁文伯在这一时期是十分高产的，不仅自己翻译了相关方面的四部著作，而且校译审订了相关专业的多部著作。

院系调整

五十年代初，社会主义建设需要大量实用的科学技术人才。在革命的功利主义科技教育观的影响下，教育的重心放在与经济建设直接相关的高等教育，尤其是工程和科学技术教育上；教育计划与国民经济建设计划紧密衔接，按产业部门、行业来甚至按产品设立学院、系科和专业，确定招生和学生分配。其实质是一种培养专业人才的教育体制。最初，中央政府对此还是持相对谨慎的态度，但正如农业合作化和工商业社会主义改造的突然激进一样，高校改革也由和风细雨变为狂风骤雨，一往无前地开展起来。

1950年6月1日，教育部召开了第一次全国高等教育会议。当时的教育部部长马叙伦在会议的开幕词中指出："我们根据中国人民政治协商会议《共同纲领》，及时地研究加强、调整、改进高等教育的问题，乃是完全必

---

[1] 该书由全苏矿井建设组织和机械化科学研究所的工程师A.B.林可夫主编，是苏联煤炭工业部所属矿井建设部门和设计部门工程技术人员的一本实用参考书，同时亦可供工业系统以外的其他部门进行竖井掘进时参考。但该书未标有译校者和出版年限。

[2] 该书的原著者为苏联的T.B.格里戈里耶夫著，由杨可飞、袁文伯、黄亮、陶伯祥、巴肇伦译，由谢企彭、袁文伯、杨可飞校。该书主要是介绍苏联矿井地面工业建筑物设计的技术方向、施工组织的基本原理、施工组织设计的编制方法以及方式前的主要准备工作和辅助作业。其主要特点是采用工业化建筑方法，即广泛使用工厂制造的建筑配件和结构，按照标准技术规程和工作循环图表在施工中应用先进的建筑经验，以建筑成本和缩短工期。

要的"。马叙伦在介绍了当时我国高等教育的情况之后，提出为完成《共同纲领》赋予高等教育的任务而整顿和加强高等教育的方针，"我们要在统一的方针下，按照必要和可能，初步地调整全国公私立高等学校或其某些院系，以便更好地配合国家建设的需要。"

1951年5月18日，马叙伦部长在政务院第85次政务会议上所作《关于1950年全国教育工作总结和1951年全国教育工作的方针和任务的报告》中再次指出："配合国家建设的需要，适当地、有步骤地充实和调整原有高等学校的院系。首先调整工学院各系，此项工作从华北和华东做起……"在政务院第113次政务会议上，马叙伦又提出了《关于全国工学院调整方案的报告》。这个调整方案在11月3日召开的全国工学院院长会议上通过，揭开了1952年全国院系大调整的序幕。

1952年5月，教育部制订了《全国高等学校院系调整计划草案》，提出院系调整的原则。其调整方针是：以培养工业人才和师资为重点，发展专门学院，整顿和加强综合性大学。华北、华东、中南为重点，实行"全国一盘棋"，通过调整，使多数省都拥有一所综合大学和工、农、医、师范专门学院。在华北，以北京大学和南开大学为文理综合性大学，清华大学和天津大学为多科性工业大学，而北京师范大学仍作为师范大学。其他学校的院系经重新排列组合，设置了一批工业院校，如北京学院路上著名的"八大学院"即后来的北京矿业学院、北京钢铁学院、北京农业机械化学院、北京地质学院、北京航空学院、北京石油学院、北京林业学院、北京医学院。

1952年8月9日，教育部以"【52】高矿会字第003号文件"下发出了由部长马叙伦签发的《关于采矿系调整的指示》。《指示》中称："为适应国家工业建设的需要，有效地培养矿冶技术干部，华北地区各高等学校原有的矿冶系的设置，必须做必要的适当的调整。为此，特根据目前条件，决定本年度华北地区暂分为采石油、采煤、采金属三类，依次分别在清华大学、中国矿业学院、北京钢铁学院设立有关专业。京、津、唐三地原有采矿系的师资、学生、设备、图书等，应按照上述三类分工予以调整。并

图 5-10　五十年代北京矿业学院的校门

提出了具体的调整方案。①

1952 年下半年，院系调整经过酝酿后全面展开。经过院系调整，私立大学全部改为公立，教会学校一律撤销。至 1952 年末，全国 3/4 的院校完成了调整工作。经过院系调整，各院校的性质和任务均较前明确，打下了发展专门学院、巩固和加强综合性大学的基础，特别是加强和发展了高等工业学校，新设了钢铁、地质、矿业、水利等 12 所工业专门学院，建成了机械、土木、电机、化工等工科专业比较齐全的教育体系，并形成了文理科性质的综合性大学、分科性的理工学院和单科性的专门学院三类高等学校的基本格局，一定程度上满足了当时国家经济和工业建设的需要。

为了适应国家工业建设的需要，有效地培养矿冶技术干部，此次院系调整对原有的矿冶系进行了进一步的调整。按石油、采煤、采金属三类，依次在北京石油学院、中国矿业学院、北京钢铁学院设立有关专业，并对京、津、唐三地原有的采矿系的师资、学生、设备、图书等进行了调整。

---

① 《中国煤炭高等教育史》，中国矿业大学出版社，2001 年，第 27 页。

原清华大学采矿系、天津大学采矿系的采煤组调整到中国矿业学院，唐山铁道学院的采矿系除地质组外，都调整至中国矿业学院。历经1952年的院系调整以及1953年对设有矿业类专业高校的进一步调整，中国矿业学院集中了全国矿业类人才的精英，扩大了办学规模，学院的学科实力和师资力量也大为增强，为其在全国矿业类院校中优势地位的确立奠定了基础，为学院今后的教学与科研的发展创造了条件，同时也确立了培养煤矿工程干部、为煤炭工业建设服务的中心任务，一直影响至今。院系调整，不仅决定了北京矿业学院的发展，而且一定程度上也影响了袁文伯的专业研究方向甚至其成就和影响力。

经过此次院系调整，中国的高等教育从原来学习英美模式转变成学习苏联模式，即从综合性大学转变成专业性大学，变通才教育为专才教育。其本意是希望加快培养大批专门的技术人员，尤其是当时紧缺的一些工程技术人员，以满足社会主义建设的需要，同时改变东西部高等教育不均衡的问题。这种模式的确能够较快地培养大量的工程技术人员，为当时百废待兴的新中国提供大量的建设人才。经过此次调整，中国高等院校数量大幅增加，理工科院校占高校总数的比例，由1949年的13.7%增至21.4%，全国工科学生招生规模扩大了1倍，由原先招收1.5万人增至3万人。1946年，工科学生仅占在校生总数的18.9%，1952年达到35.4%，为各科学生之首，改变了此前以文法科为主的学校和学科结构。经过调整之后，各院校的性质和任务均较前明确，高校区域布局一定程度上得到改善，特别是工科院校得到了较大发展。调整后工科学生数大增，使高等教育更有利于为国家建设服务，奠定了新中国高等院校的基本格局。同时，也造成了诸多问题。高等学校很大程度上失去了办学的独立性和自主权。一些综合性大学被明显削弱，很多高校由综合性大学变成了虽然名义上叫综合性大学，实际上却是比较严格意义上的类似欧美的文理学院或工业大学。新建大学，多数也属於专业性较强的文科或者理工科院校，全国大学多数学科单一，发展不均衡。导致了重工轻理，重理轻文之风，使得理工科大学普遍缺乏人文氛围，理工科大学生的人文教养缺失，学生的知识结构有失偏颇，专才教育的弊病凸显。

专业转型

最初袁文伯来到中国矿业学院时，其所在的系是土木工程系。该系是1950年由华北矿业高等专科学校与焦作工学院合组后成立的。大概工作了不到一年的时间，历经1952年的高等学校的院系调整，几次易名。1952年经中央人民政府教育部批准，中国矿业学院土木工程系更名为矿山土木工程系；同年9月又更名为矿山企业建筑系；1953年10月，又再次更名为矿井建设系；1963年8月，矿井建设系又与采煤系合并成采矿系。最初无论是土木系，还是矿山土木系，带不带"矿山"两字实质上并没有太大的差别。因为从民用的角度看，土木工程学科所涉范围很广泛，如果搞房屋建设就变成工民建方向，如果搞桥梁隧道就变成桥梁隧道方向，如果搞道路就变成道路方向，如果搞铁路就变成铁路方向。并且工科学生前两年的基础课学习差别不大，只是到了三、四年级才有所区别。所以，即使是在一所以煤炭为主的学校，对袁文伯的专业影响并不是很大。

但在这一时期，学习苏联经验是20世纪50年代的一项重要举措，中国的高等教育体系办学方针从原来的"自力更生，稳步前进"转变成了全面仿效苏联的教育模式及其实践。在人才培养上，实行了"在较为广泛的一般的科学基础上的专门化"培养。原来的学院只设系未设专业，学习苏联后，即与煤矿生产建设对口，按工艺、装置等设置了专业。袁文伯所在的矿山企业建筑系，其任务主要是为培养矿山企业建筑工程师，能够从事矿山井巷开拓、井筒硐室、水平及倾斜巷道、矿山技术性建筑及企业房屋建筑等的技术领导，解决有关新井建设、被破坏坑井恢复以及生产坑井改建等技术问题。

经过这样的调整，这种强调直接为煤炭工业建设服务的专业化的矿井建设系同一般的土木工程专业就不太一样了。尽管这个专业在建国初确实能够较好地服务于国家经济建设的目标，因为搞得很专，学生毕业就可以打井。可是如果当打井打得差不多后，再搞这个专业，培养出来的学生就该没地方就业，而土木工程专业口径则相对要宽泛得多。因为这个事情，袁文伯曾经找到当时北京矿业学院的院长吴子牧进行了一次长谈，尽管吴子牧院长本人很大程度上也认同袁文伯的观点，但迫于当时国内特定的政治大环境，整体上还得服从国家宏观的政策安排，以袁文伯甚至吴子牧院长的一己之力，根本没有办法、也不可能改变当时的局面。

从一般性的土木工程到矿井建设，对袁文伯而言，就存在一个专业转型的问题。袁文伯过去主要的专业领域和优势是在结构力学和应用力学方面，这个方向更接近于一般性的土木工程专业，而现在在为经济建设服务和学习苏联的大政方针的影响下，学校发展的侧重点转向了以煤矿建设为主。用袁文伯自己的话讲就是"无戏可唱了，或者说是唱不了戏了"。这一期间，袁文伯的思想一度动摇，甚至萌生了离开矿业学院的打算。但他的想法不知怎的被吴子牧院长知道了。吴院长特意跑来同袁文伯长谈了一次，劝说他不要走，建议他可以到矿山去实习。吴子牧是一个非常具有感召力的人，很会做思想工作。在吴院长的劝说下，袁文伯决定还是顾全大局留了下来。

既然决定留下来，袁文伯觉得就应该适应矿业学院的需要，便找来有关矿井学科的书籍来自学。因为袁文伯在力学方面具有较为坚实的基础和良好的理论素养，他首先想到的是便利用其原有的优势，再学习一些新的知识，使自己向矿山转型袁文伯首先想到专业转型的一个方向就是转到有关岩土力学方面来。

岩土力学又称岩石力学或土力学。在 20 世纪 50 年代的采矿界，有关岩土力学的发展比较缓慢。当时的研究方法和研究条件对研究复杂的岩石和岩土力学还是有相当大的难度，许多研究成果都是初步的，工程上的应用几乎全靠经验和类比，工程实例并没有应用基础力学理论得到普遍的规律性解释。尽管有些人也试图将力学的方法应用于岩石和土，比如把岩石当作一种弹性体，但实际上岩石并不是弹性体；也有人把岩石与木材做类比，但作为塑性体的木材与岩土的性质也存在很大的差别。在工程上经常使用静止概念，如果一个东西是静止的，就可以用力学的方法去解释。因而，当时一般说的力学都是静力学。但是在岩土方面进行力学研究，却离不开材料力学；离开了材料力学，无论是弹性力学还是塑性力学都会有缺陷。[1]因而，材料力学可以说是转向岩土力学的一个重要突破口。因为袁文伯的力学基础很好，力学相关学科的积累很全面，材料力学的转向并没有太大的困难，1950年代袁文伯主编了《材料力学》的铅印讲义，该讲义分上、下册，从1959年到1964年间在北京矿业学院使用，并取得了良好的效果。后来，在党士英[2]的举荐下，袁文伯担任材料力学教研室的主任，这几乎是袁文伯唯一的具有一定行政色彩的角色。为人和气，又经受过严谨的科学训练的袁文伯，在担任材料力学教研室主任期间，认真帮助和扶持年轻教师的成长，并给予良好的指导，带领材料力学教研室教师较出色地完成了学校的教学和科研工作，为北京矿业学院及后来的中国矿业大学的工程力学和结构力学学科的建设和人才培养做出了较突出的贡献。

尽管当时搞工程主要靠经验和类比，没有力学似乎也能做。但袁文伯开始思考如何运用力学原理去解决岩石或土的问题。袁文伯想到，尽管很多时候不方便做一些岩土方面的实验；对于前人实际工程的经验成果，自己可以运用力学理论去分析其现象的本质以及内在的普适规律。于是，他确定了在岩石力学方面下功夫，为此，他买了很多岩土力学方面的书，进行认真地研读。专业的转型并不可能一蹴而就，它需要一定的积累过程，并不是今天看完书，明天就有效；但因袁文伯有较深厚的力学功底，搞岩土力学也有一定的优势。当时绝大多数搞岩土或矿井建设的人，力学基础大都没有袁文伯扎实、全面，但他们的工程实践经验相对更多一些，但就理论理解而言，袁文伯则更具优势。经过袁文伯个人的持续努力和执着钻研，尽管经历了一个相当痛苦的专业转型，但最终袁文伯还是成为一名优秀的矿山力学专家。

科研工作

1953年—1957年，正值我国第一个五年计划实施时期。此间在中央政府的高度重视下，中国的科技、文化、教育事业均取得了长足的发展。1956年1月14日，中央政府召开全国知识分子会议，周恩来总理在会上

---

[1] 岩石力学一般涉及到力学平衡、本构关系和边界条件。
[2] 党士英，1980-1982年任中国矿业学院副院长。

作了《关于知识分子问题的报告》。在报告中，周恩来全面分析了新中国成立以来我国知识分子的现状，深刻阐述了中国共产党关于"团结、教育、改造知识分子"政策的具体内容和应当采取的各项措施。周恩来的报告指出，社会主义建设，除了必须依靠工人阶级和广大农民的积极劳动外，还必须依靠知识分子的积极劳动，也就是说，必须依靠体力劳动和脑力劳动的密切合作，依靠工人、农民知识分子的兄弟联盟。他代表党中央郑重宣布："我国知识分子的绝大部分已经是工人阶级的一部分。"他还强调：在社会主义时代，比以前任何时代都更加需要充分地提高技术、发展科学和利用科学知识。科学是关系到国防、经济和文化各个方面并起决定性作用的因素。现代科学技术正在一日千里、突飞猛进，人类面临着一个新的科学技术和工业革命的前夕。我们必须奋起直追，向现代科学进军。毛泽东也在会议的最后一天讲话，号召全党努力学习科学知识，同党外知识分子团结一致，为迅速赶上世界先进科学水平而奋斗。会后，国务院成立了科学规划委员会，在苏联专家和机构的帮助下，国务院组织全国六、七百名专家编制了《1956—1967年科学技术发展远景规划纲要》，这就是所谓的"十二年规划"。该规划明确提出要在12年内使我国落后的科学技术接近世界先进水平。全国知识分子会议的召开，极大地鼓舞了北京矿业学院的广大知识分子，激发了他们的政治热情和工作积极性，对新中国建设充满希望和热情的袁文伯也积极投身于这场向科学进军的热潮之中。

在中国矿业学院的建校之初，由于教育教学任务重、政治活动较多、师资队伍较薄弱等原因，学院整体的科学研究比较滞后，研究成果数量不多，水平也不够高。20世纪50年代初，尽管学校的科研学术活动不是很多，但学校十分强调在教学中要理论联系实际，要求教师系统地注意实际问题。为此，专业老师和一些基础课老师除参加指导学生各种生产实习外，还有计划地到现场进行短期技术出差。这种技术出差由最初的以搜集教学资料为目的、对某些技术操作与生产组织进行了解，逐步发展到研究生产中的技术问题，伴随着教学活动的开展以及我国国民经济的进一步发展，高等学校的科学研究工作逐渐受到重视。

1954年年底，北京矿业学院成立了科研处。在科研处之后，便开始了有计划、有组织的科研学术活动，努力推进教师的科学研究工作。如举行结合教学工作的学术报告会、制定科学研究计划和规划等。为了配合科研处组织的学术报告会，袁文伯撰写了《考虑型性的钢结构计算》的科技论文，这篇论文是袁文伯多年思考的呈现，只不过那篇论文当时并没有拿到专业杂志上发表。

1955年，新成立的北京矿业学院学术委员会通过了1955年科学研究工作计划。袁文伯确立了关于"极限状态的钢结构计算"的科学研究计划。袁文伯的这项计划，是在学习苏联有关极限状态钢结构计算的理论和方法的基础上，把钢结构课程的钢樑计算部分加以充实，改进计算方法，节约钢材并拟进行实际试验比较计算结果。围绕这项计划的实施，袁文伯1957翻译了俄文版的《钢梁极限状态》一书，1958年翻译了《极限平衡法结构承载能的计算》一书。极限状态下钢结构研究成为袁文伯长期以来一直关注的一个问题，并成为其一个重要的研究领域。

1955年10月8日，北京矿业学院院长吴子牧向北京矿业学院全体教师和研究生做了关于科学研究工作的报告。他首先指出开展科学研究工作的意义：第一，在教学改革现阶段中，为了把教学质量继续提高，主要环节在于开展教学法与科学研究工作。从高年级的学生实习和课程设计与毕业设计的工作来看，教师若不进一步开展科研工作，将不能提高甚至难于胜任这些工作。如果仅注意当前的教学工作，但看不到科学研究工作或对科研工作没有信心，那就会阻碍了教学工作的进行。第二，从国家经济发展方面来看，要保证完成第一个五年计划，为第二个五年计划准备条件，最大的困难是科学技术的困难，提高对完成一五计划建设是具有决定性的问题。矿业学院不一定要有很大的发明创造，只要有实际价值就好。……并指出，开展科学研究工作是高等学校老师的政治任务，高等学校教师不关心科学研究工作，实质上是不关心社会主义建设，这是不对的……①

为了进一步推进科研工作的开展，北京矿业学院于1956年2月6日至9日召开了第一次科学讨论会。煤炭工业部对这次讨论会也非常重视，当时

---

① 《北京矿院》第50期，1955年10月14日，第一版。

的煤炭工业部部长陈郁[①]曾亲自在有关会议上向各有关单位布置这一工作，指示各单位应大力支持北京矿业学院的科学讨论会的召开，积极向科学讨论会提交科学研究报告。2月6日举行的第一次全体大会，参加会议的有教师、教育行政干部、研究生、高年级学生和校外进修教师共900余人，还有来自兄弟院校、厂矿企业、科学研究机关等64个单位的代表360多人，袁文伯也参加了这次大会。在这次大会上，宣读了3篇专题报告，并根据题目的专业性质，成立6个分会。这次科学讨论会大大加强了北京矿业学院老师开展科学研究工作的信心，进一步明确了科学研究工作的方向。

1956年3月，在上报北京矿业学院"十二年规划"[②]时，袁文伯申报的研究计划是钢构件破坏情况的试验，目的在于研究钢梁及偏心受压构件的承载能力，了解钢梁及偏心受压构件的破坏情况，进而推求简化计算的方法。1960年科学研究计划[③]，袁文伯填报的是"瓦斯突出时的地压变化的模拟试验"，研究煤和瓦斯突出时的力学过程，用光弹性方法测定其应力，进一步解决三向光弹性技术。这两项试验后来都因为不具备实验条件，也没有任何经费支持，相关实验并没有真正进行。1961年，袁文伯撰写了"能量法计算园环稳定"的论文。

除此之外，在1950年代，袁文伯还参与了一些实际应用的设计工作。1955年，为了解决三门峡电站重型超重机的设计问题，袁文伯撰写了"三腹板梁的应力分析"的科技论文；1958年，袁文伯与第一机械工业部三局水利施工机械设计室合作进行了"油压挖掘机的结构设计研究"，又与第一机械工业部三局水利施工机械设计室、北京矿院机械系、中科院自动控制研究所等合作进行了丹江口500吨平衡式升船机研究设计、长江三峡

---

① 陈郁（1901-1974），广东宝安人，早年参加组织了"香港海员大罢工"，长期从事工人运动。1925年8月加入中国共产党。1927年曾任中华全国海员总工会主席、党委书记。1930年代曾赴苏联学习。抗战胜利后，任中共辽宁省委副书记。1947年，调任中共中央东北局生产委员会副主任，进驻北满，恢复和发展鸡西、鹤岗等大型煤炭基地的生产，支援解放战争。1948年任东北人民政府工业部副部长、部长，接管沈阳工业。1949年任中华人民共和国燃料工业部和机械工业部部长。1955年，陈郁主持了将燃料工业部分为煤炭、电力、石油3个部的工作，任煤炭工业部部长。党的八大、九大、十大中央委员。先后任广东省委书记、省长等职，1974年因病在广州逝世。

② 1956-1967年科学研究规划简表，建设系矿场建筑教研组，1956年3月14日填。

③ 1960年3月7日填写，参见1960年北京矿业学院科学研究计划。

2000 吨平衡式升船机研究设计，等等。

1950 年代的袁文伯，除了繁忙的各种专业课的教学工作和各种政治活动之外，还翻译了四本相关科技著作，校译了多部科技著作，撰写了 3 篇学术论文，同时还完成了由结构力学向矿山力学的转型，并且从事相关的教学和研究工作。

1950 年代北京矿业学院的力学学科是很强的。这一时期北京矿业学院有一批像袁文伯先生一样辛勤工作、钻研学术、严谨治学的教师，诸如理论力学教研室的郝桐生、陈至达等老师，郝桐生主编的《理论力学》，该书 1965 年由高教出版社出版，至今仍被广泛使用，为理论力学方面的经典教科书。陈至达[①]先生同袁文伯先生一样，也是中国矿业大学工程力学和岩土工程的创始人、奠基者之一，在非线性有限变形力学方面有较深入的研究，并做出了开创性工作。正是他们的工作支撑着矿业学院的力学学科。当时，他们同其他兄弟院校有很多的学术交流活动。据北京矿业学院詹明宇先生回忆，1950 年代的全国力学工作会议就在北京矿业学院举行。当时，北京矿业学院投资了大约 40 万元建成了一个力学实验室，当时国内著名的力学专家钱伟长曾多次来矿业学院讲学并进行学术交流活动，袁文伯参与了这些学术活动。

教授评级

1956 年 6 月 16 日，国务院全体会议第 32 次会议通过《关于工资改革的决定》。这是一项具有划时代意义的改革，它奠定了此后长达 30 年之

[①] 陈至达（1927-1998），福建漳州人，我国著名的力学科学家，中国矿业大学工程力学和岩土工程创始人、奠基人之一。1948 年毕业于厦门大学机械系，1949 年考入清华大学机械系力学研究所攻读研究生，师从于钱伟长教授，是清华大学第一位毕业的力学研究生。毕业后到中国矿业大学任教，历任讲师、教授、工程力学研究室主任等职。还先后担任国务院学位委员会学科评议组成员、国家教委科技委员会委员、人事部博士后管委会专家组成员、《应用数学和力学》编辑委员会委员、常务编辑，杂志副主编、中国力学学会理事等职。长期从事近代力学基础理论的教学和研究，对非线性有限变形力学理论有深入研究，建立了非线性力学的新理论体系，使经典力学各分支及电磁学方程纳入统一体系，这是近代力学的新进展。著有《理性力学》、《非线性连续体力学》、《杆、板、壳大变形理论》等。参见《徐州市教育志》，第 308-309 页。

久的劳动工资制度的基础，同时对新中国的"吏制"产生了深刻影响。从此，"级别"在中国成为除农民以外各类社会人群政治经济生活排序的一项重要标准。

尽管大学教授在此之前也是有级别的，但同样非常重视此次评级。一级教授中的一级是工资概念，它是指在所有具有教授职称的群体中，这一等级教师的工资水平是最高的。不过，它又不完全等同于工资等级，其背后还隐含着学术水平的分级。与工资水平相比，这更为重要。当时，一级教授的月工资标准是345元，二级教授的月工资标准是280元，三级教授的月工资标准是240元。这种收入水平远高于一般的社会人群。当时许多城市居民每人每月的平均生活费仅为八九元，三四十元的月工资甚至能养活一个五口之家，当然，当时整体的生活水平不高，大家都崇尚勤俭和节约。

教授评级产生于1956年，它的出现既是党和国家知识分子政策调整的产物，同时还与当时的工资改革直接相连。为使评级工作顺利进行，高教部制订出教授工资评级标准，其中学术水平、资历、才能等作为重要的衡量和参考标准，不过其中也存在言词流于空泛、尺度难以统一等不足。各高校依据评级精神，在高教部、教育部、文化部、卫生部等中央业务主管部门以及地方党委的领导下进行评级工作。此次评级，分成教学人员与学校行政人员两个方面进行，最终评定的一级教授中理、工、农、医居多，文科类偏少。教授评级一定程度上调动了广大知识分子参与社会主义现代化建设的积极性，不过因为评级涉及物质利益，以及个人的价值和地位是否被肯定和重视等诸多因素，所以在具体实施过程中，也产生了一定的矛盾。

1956年6月，高等教育部下发了二级以上教师工资排队初步名单，这份名单以学校性质归类排列，分成以下几大类：文理、政法、财经、体育部分；师范部分；工科部分；农村部分；高等艺术院校教授、副教授排队名单。每一类里面又以专业相区别，不同学校同一专业的教师列在一起。

这份名单下发后不久，高教部发现名单"对教学人员工资排队条件掌握的偏宽，因而工资增长指标突破了原定指标，这样平均工资增长速度过大，不仅国家财政上难以解决，对其他方面也有不良影响。因此根据从严的原则，又对名单作了适当削减。

1956年9月，高教部下发经过修改后的一、二级教授工资排队名单。这份名单与前面那份相比，形式上又有了很大的变化。首先，学校类别有变化，增添了相当数量的医学类院校；其次，按照工资改革的要求，教学人员与行政人员分别列表，高等院校的校院长当中有很多一级教授，这次也都明文列出。第三，排列、归类标准的变化，这次的教授排队名单不再以专业来划分，而是以学校为单位，直接列出每个学校中所有一级教授的名字，同时也列举出二级教授的名字，不过同上次一样，二级名单属于"标识"性质，并不完整，学校可以根据每个教授的实际情况在名单中适量增添或削减。在这两份名单中，一级教授的人数有明显的变化。在6月份的名单中，一级教授总人数为186人，而在9月的那份名单中，同类学校中一级教授的人数减少到118人。

　　在北京矿业学院的教授评级过程中，何杰[①]、许本纯[②]、邓曰谟[③]被评为二级教授，袁文伯等被评定为三级教授。当时学校里的三级教授并不多，月薪240元。这种收入在当时也算是很不错了，当时一般的大学毕业生也就每个月50多元钱。

　　[①] 何杰（1888-1979），广东番禺人，著名的科学家、教育家，中国科学院学部委员。1906年考入唐山路矿学堂。1909年留学美国，1914年回国在北京大学任教，创办北大地质系。曾先后在北洋大学、中山大学、唐山工学院、广西大学等任教，1952年，任北京矿业学院教务长、1956年任北京矿业学院副院长。1962年，参与发起成立中国煤炭学会。其后又参与筹备出版我国煤炭科学领域学术水平最高的刊物《煤炭学报》，任该刊首届编委会主编。

　　[②] 许本纯（1899-1956），字粹士，1924年毕业于天津北洋大学工科采矿系。后留学美国，1925年在美国宾州匹兹堡大学采矿研究学院获硕士学位。1928年获美国伊利诺斯州大学研究生院博士学位。1930年任沈阳东北大学采矿学教授，1931年在国民政府建设委员会任技术工作。1934年至1935年淮南煤矿局任总工程师、副局长。新中国成立后任华东工业部燃料处副处长、中央燃料工业部计划司副司长、代司长。1953年10月调任中国矿业学院教授，矿山机械系主任，研究所所长。其父亲为清末两淮盐运使许家泽，因思想比较开放，经济比较富裕，又十分重视教育。其六子全部上学，除三子留家守业外，其余五个儿子都先后出国留学，培养出一门五博士。

　　[③] 邓曰谟（1896-1983），广东香山人。1915年入北洋大学采冶系学习，获工学士学位。1920-1922年在美国Gary Works钢铁厂、Allis Chalmers机电厂实习。1923-1927年任胶济铁路材料实验室主任、工程师，1925年设计制造出中国第一台水力发电机；除此之外，还设计制造出中国第一台全能材料试验机；试制成功我国第一台飞机发动机；主持了一系列水利工程的设计及水利机械、矿山机械的研制。在动力机械工程、钢铁及轻金属合金、材料性能试验等方面有很高的造诣、丰富的经验和娴熟的技艺，取得了一系列富有创新意义的技术成就。1952-1983年任中国矿业学院教授。

需要补充的是，在 1958—1964 年间，50 岁左右的袁文伯身体上多灾多难，先后经历了大小 5、6 次手术，上手术台成了家常便饭。因为身体不好，成为当时北京矿业学院出了名的老病号。在矿院的老先生里面，袁文伯的身体几乎是最差的，甚至让人他后来的长寿仿佛创造了生命的奇迹。

1959 年 1 月的一天，袁文伯骑车赶去上材料力学课，因当时风刮得很大，不小心摔了一跤，导致右腿股骨颈骨折。为此，他在中医研究院做了手术，打了钢板，之后 1—2 个月的时间躺在床上静养。同年 5 月，因胃痛到北医三院检查，发现是胆结石，又做了胆囊摘除术。第二年，大约在 1960 年年中的时候，为接家里的拉线开关不小心又摔了一跤，导致腰椎骨折，于是又在中医研究院进行了一个多月的治疗，所幸术后效果良好，没留下什么后遗症。1961 年 5 月，袁文伯又因颈骨股骨头坏死，又做了关节融合固定术。这次手术，致使他以后两条腿不一样长，一只腿长一只腿短，髋关节不能弯曲，不宜久坐，给行动和生活带来了很大的不便。后来，大概是在 1962 到 1963 年间体检的时候，又发现食道里长了一个 3、4 公分的东西，做了开胸的食道隙息手术。在当时，这种手术也有一定的风险，但所幸术后效果很好。1967 年的时候，袁文伯又因疝气在阜外医院做了一次小手术。尽管经历了多次手术，所幸这些治疗大都是一些外伤，治疗的效果整体也都还不错，并没有给袁文伯的健康带来实质性的脏器方面的损害，这大概也是他后来能够长寿的一个重要原因吧！

尽管袁文伯是矿业学院的三级教授，收入比一般教师要多一些，但其家庭负担较重，夫人谢赏梅女士因身体一直不好，也没有参加工作，没有什么收入。全家 6、7 口人的生活，几乎全靠袁文伯的收入来维持，尽管是作为大学教授的孩子，儿女们也并没有感觉到生活有多么宽裕。的确，那个物质匮乏的时代，中国社会整体的生活水平都处于一个较低水平，即便是作为高收入阶层的大学教授家里，也依然着清贫简朴的生活。据袁文伯的儿子袁重果讲，在他们读大学的时候，象他们这样条件的家庭是拿不到奖学金的。那时家里连相机都没有，所以当时留下的照片也不是很多。袁文伯的女儿重斐 1 岁时种牛痘高烧、脑炎留下后遗症，智力水平只相当于两三岁的孩子，成为家里很沉重的一个负担，更是袁夫人多年来的一块心病。女儿成了袁文伯夫妇心中永远的痛，特别是袁夫人，总是和袁文伯念叨女儿今后该怎么办之类的问题。在人人可危的"文化大革命"时期，更是怕傻女儿惹出什么祸端来，为此，袁文伯处处小心，所幸并没有引出什么大的祸端。即使这样，女儿也曾不止一次地走失。直到2011年2月份前，已经瘫痪在床的66岁的女儿，依然还是由年已百岁的老父亲在家里供养。另外，因袁夫人身体也不好，家里买粮食等家庭事务也得由袁文伯操办，许多矿业学院的老人们，提起袁文伯来都还清晰地记得，步履蹒跚的袁文伯去买粮、买菜的场景。好在袁先生历经生活的磨砺，心态非常之好，甚至连智障女儿这样沉重的负担，，袁文伯竟然也能够从另外的视角看待这事情。在我们采访袁文伯的学生时，学生们提到袁先生曾经对他们说过："如果她不傻，那她早就出嫁了，正因为她这样，她现在依然还可以陪伴在我身边。"面对生命的这等磨难竟然能够如此地超脱和淡定，得需要什么样的胸襟和气魄呀！

动荡的年代

　　1966年，"文化大革命"开始后，在极左路线的影响下，北京矿业学院正常的办学秩序受到了严重的冲击，校党委和校行政组织基本瘫痪。"文化大革命"期间成立的北京矿业学院革命委员会经常出现派性斗争，学院秩序混乱，极左思潮的泛滥给北京矿业学院带来了厄运。1966年，北京矿业学院停止招生。在全院"整党整建"的同时，学院分别派遣师生参加劳动，下厂矿进行所谓教育革命的探索。

　　1970年上半年，北京矿业学院从北京搬迁到四川华蓥山下的一个偏僻小镇——三汇坝。在那里，矿院人展开了一场悲壮的办学历史。

　　北京矿业学院搬迁到四川的一个重要背景是"文化大革命"中左倾思潮的泛滥。1966年5月7日，毛泽东在给林彪的信中提出，全国各行各业要办成亦工亦农、亦文亦武、又批判资产阶级的社会组织。特别提出"学生也是这样,以学为主,兼学别样,即不但学文,也要学工、学农、学军,也要批判资产阶级。学制要缩短,教育要革命,资产阶级知识分子统治我们学校的现象,再也不能继续下去了"①。这封信后来被称为"五七指示"。"文化大革命"中,毛泽东关于教育的这种带有乌托邦性质的激进主张,成为"教育革命"的理论依据。正如毛泽东曾经说过的:"农业大学办在城里,见鬼去吧!农业大学要统统搬到农村去"②按照这种逻辑,矿业大学、地质大学、石油大学办在北京城也是见鬼的事情。

学校外迁和下放的另一个重要背景是当时全国战备升级。中共九大报告对战争的危险做了过于严重的估计,提出要准备打仗,而且要准备大打,不仅要准备打常规战争,而且要准备打核战争。整个中国都笼罩在深挖洞、广积粮、备战备荒的紧张气氛之中。1964年5月15日至6月17日,中央召开工作会议,毛泽东提出"三线"问题。中央从战略需要出发,根据战略地位的不同,将我国各地区划分为一线、二线、三线。三线是全国的战略大后方,为支援前线的战略基地。与经济最发达且处于国防前线的一线(主要指与东南沿海及东北、新疆等地区)和位于中间的安徽、江西等二线省份相对,三线建设的范围包括四川(含今重庆)、河北、山西、河南、湖北、湖南、广西、云南、贵州、陕西、青海、甘肃和宁夏等13个省及自治区,它们全部位于中国的中西部地区。其中位于大西北和大西南的七省又被称为"大三线",而中部六省被相对称为"小三线"。北京矿业学院后来搬迁到的四川华蓥山地区属于大三线。三线建设的布点与选址原则上是靠山、隐蔽、大分散、小集中。加之1969年秋天,中苏边境形势全面恶化,苏联在中苏、中蒙边境陈兵百万、虎视眈眈。为防止苏联发动突然袭击,10月18日,林彪下达了"第一个号令",各大中城市很快就进行了疏散人口、下放干部、外迁大专院校的紧急动员。1969年10月26日,中共中央发出《关于高等院校下放问题的通知》。此后,一些高等院校被裁并,一批在北京、上海、广州、长春、郑州等大中城市的高校被外迁,更多的高等院校则以办"五七"干校、试验农场、分校或进行教育革

---

① 《建国以来毛泽东文稿》第12册,中央文献出版社,1988年,第54页。
② 《中国煤炭高等教育史》,中国矿业大学出版社,2001年,第127页。

命实践等名义，在农村设立战备疏散点，将大批师生员工及部分家属下放农村。原中央各部委所属高等院校大部分下放地方领导，同时大批中等专业学校被裁并，教师和干部也被下放。

袁文伯当时所在的基础部最初被安置在重庆市沙坪坝区的重庆大学。因腿的残疾不方便上山，袁文伯没有去条件较艰苦的三汇坝山区，而是在重庆大学待了大约一年半的时间。当时，这位大学教授的工作是在那里看大门，充当一位看门人角色，这也可以说是"文化大革命"时极具讽刺意义的一幕！

在重庆的时候，袁文伯被分配到一个靠近山脚、又极为潮湿不朝阳的小房间里。当时的袁文伯已近60岁，腿脚也不方便，身体又不太好。他的学生周澍很是看不过去，多方协调，希望能够给袁先生调到对面朝阳的房间，但因那间房间要放一些外文资料，因怕资料发霉也没能够解决。袁文伯对这些生活上的琐事并没有放在心上，对此也毫无怨言。大约一年以后，他又重新回到北京，回到了当时北京矿业学院的留守处。矿业学院搬迁后，鉴于当时特殊的历史状况，仍有部分干部教师留守北京，在北京原校址组建了北京矿业学院留守处。1972年12月7日，在李先念副总理和周恩来总理的批示下，从北京矿业学院主楼北侧的马路南端至西边十一号家属宿舍楼北侧以南的原北京矿业学院校园及十万余平米房产划归北京语言学院作为校址，原校园北侧1/3部分，尚有校舍5万平方米，包括教学楼、实验室、宿舍、食堂等，成为北京矿业学院留守处的所在地，这为后来的中国矿业大学（北京）保留了一个栖身之所。

从1970年到1978年，北京留守处作为学校外迁后在京的一个直属单位，面临着"老人多、娃娃多、病号多、杂事多"的困境，一方面为学校搬迁工作的协调做出了积极的努力，为保全学校的留京资产做出了积极贡献，同时，也为从四川回京人员提供了必要的便利。在1978年北京研究生部成立之前，留守处还保有100多名骨干教师，其中学有专长、经验丰富的教授、副教授28名，袁文伯就是这其中的一份子。

搬迁到四川的矿业学院定名为四川矿业学院，最后选址在四川合川县三汇坝建校。三汇坝位于四川省东部的华蓥山地区，就是小说《红岩》中双枪老太婆打游击的地方，这一地区属典型的川东山区地形，距重庆约90公里，距广安县城约70公里。

1970年代，搬迁到四川的矿院人在这里展开了一场艰苦卓绝、可歌可泣的开山建校历程。

从1970年6月下旬开始，近千名教职工集中到三汇坝建校工地。住的都是用席子搭的工棚，走的是泥石道，饮的是河沟水，生活条件异常艰苦。在没有施工队的情况下，自己动手，从建筑草图、设计构架构建、到搬运、架梁、施工等都是自己干。大家头顶烈日、开山劈石、钻石打眼。披荆斩棘，攀悬崖、登峭壁寻求水源。当时建校的所有原料都是利用当地资源。缺乏机具设备，就大搞群众性的技术革命，大搞土机械、土设备。从1970年8月8日破土动工建房，到1971年2月底，学校教职工用自己的双手生产炸药1600多公斤，用山上的石头烧出石灰270多吨，并试制成功矸石砖。水泥厂开始正式生产，预制构件厂生产预制构件460多平方米，已经盖起乱石"干打垒"楼房6300多平方米。到1972年初招收首届工农兵学员前，共用了一年半的时间，已经建成"干打垒"楼房30多幢，共43000多平方米；教职工自己动手建起的炸药厂生产了炸药18吨，水泥厂日产水泥15吨。到1973年，学院的建校主体工程基本完成。后来，当学校搬离四川时，四川矿业学院共建校舍11万多平方米。四川矿业学院广大教职工自力更生、艰苦奋斗、勤俭建校的情况引起社会各界的广泛关注，成为当时全国高等学校中的一面红旗，被看作是艰苦创业、勤俭办学的典范。

搬迁三汇坝建校是"文化大革命"特定时代的产物，当时把搬迁看作是一场深刻的革命，是一种"政治建校"。按照战备和三线建设的要求，提出了与帝国主义、修正主义"争时间，抢速度"；按照教育革命的要求，建校工作被称之为"三建"，即"建厂、建矿、建校"。在这一过程中，不同意见的争论都不可避免地被上升到两种思想、两条道路、两条路线斗争的政治高度，是举什么旗、抓什么纲、走什么路的重大原则问题，对于不同意见都被简单地压制下去了。袁文伯当时因为身体、年龄以及个性特点方面的原因，并没有参与到这一过程之中。"文化大革命"中的袁文伯因为人平和、行事低调、又没有过多地参与行政事务，所以"文化大革命"中受到的冲击和影响相对较小，甚至因受极左思想影响的矿院搬迁，也因腿的残疾而没有给他造成太大的冲击。对此，他的儿子——北京医院心内科医生袁重果先生给予了如下解释：

> 爸爸运动中没有受到什么影响，一是心态好，他说话有口音又不太善言谈，基本上不串门，平时与人见面也只是说上几句，从不张家长李家短的，所以人缘比较好，没什么是非，比较平静；再有就是他的腿摔了，不幸残疾了，这是他的不幸，但从另一方面看，很多时候人家觉得他活动不便，对他的管理也相对比较宽松，他与人来往比较少，所以别人也很少注意到他。第三，就是他的精力主要用于专心读书，也就很少过问别的事情。①

除此之外，袁文伯多年的修养，塑造了其个性当中一个很重要的特点，就是老先生看问题的视角和心态非常与众不同。当问到他的朋友、家人、同事及学生时，大家几乎众口一辞，都说他是一个心态非常好、非常平和的人。甚至连谈起使很多人饱受磨难的"十年浩劫"，他的看法都非常的与众不同。袁文伯认为：无论哪朝哪代，为了巩固政权，都会有各式各样的政治运动，这是能够理解的，也是可以理解的，没什么好抱怨的，也不可能去抱怨。在政治运动中，人们或多或少都会受到一些影响，甚至遭受损失，这的确令人遗憾。但假使没有这些运动，很多人可能也做不出什么成就来。尽管以袁文伯这样的心态和观念来解读"文化大革命"历史的肯定不是主流，但他的话一定程度上也昭示了一定的人生哲理，人类历史上绝大多数人都过着一种浑浑噩噩的日子，作为"沉默的大多数"，他们对人类历史进程的影响是有限的，这的确是一种历史的真实！

在动荡的60年代，很多人都在忙于政治运动或应付政治运动，但宁静淡泊的袁文伯想的就是看书、做学问；"文化大革命"时期，因袁文伯

---

① 根据袁重果口述访谈录音整理。

行事低调，不事张扬，也没有引起太多人的关注，一定程度上回避了"文化大革命"时的政治动乱和政治风险，甚至为其提供了较为宽松的环境。1972年回京后，因袁文伯的许多书都运到了重庆，北京家中所剩存书不是很多。但这一时期，恰好三儿子的一位朋友在北京图书馆工作，就帮忙给袁文伯办了一个北京图书馆的借阅证，一有时间，袁文伯就到北京图书馆去看书，包括阅读很多专业书籍。在北京图书馆读书，不仅消磨了时间，而且也充实了自己。诚然，"文化大革命"中，许多人的时间和专业都荒废了，但也有很多人，即使在"文化大革命"时较恶劣的环境下，仍然坚持学习和钻研，"文化大革命"后伴随着拨乱反正，这些人又重新回到专业岗位上，都取得了很好的成就。袁文伯就是一位这样的的，他很好地利用了这段时间，为"文化大革命"后的恢复研究工作奠定了较坚实的基础。

这一时期，袁文伯还曾对当时北京矿业学院的党委书记陈一凡[①]提过，他想写本有关结构力学方面的书。但限于当时的环境和条件，陈一凡没有也不能够明确表态支持他的想法，所以写书的事情就被耽搁下来。尽管如此，在这一时期，袁文伯还是酝酿了他后来主编的140万字的巨著《工程力学手册》的结构体系。这是一部由袁文伯主编的手册式的工具书，内容包括了结构计算和机械设计中经常遇到的原理、方法、公式和有关技术资料。这部书结构清楚、严谨、体系全面系统，查找方便，出版后反响很好。关于这部书，我们在后面还要提到。

袁文伯在矿业学院的30多年，除了材料力学教研究室主任外，几乎没有担负过什么行政工作，他本人似乎也远离政治。用袁文伯自己的话讲，主要是他没有行政才能，他的长处在于擅长理论思考，头脑比较清楚，他主要是通过在专业上做出成就来报答党的恩情。像袁文伯这样的从旧中国走出来的知识分子发自内心地感谢中国共产党，并由衷地相信我们党和政府的执政能力，并且持之以恒地表现出一心向党的挚爱之情。1952年8月，全国高校院系调整，九三学社社员王丙戌由清华大学、吴震春由北京大学分别调入中国矿业学院，成为中国矿业学院最早的九三学社社员。在王丙

[①] 陈一凡当时任北京矿业学院的党委书记。

戌、吴震春的影响下,以及原杭高校友、英大同事同时也是矿大好友姚承三[1]的劝说下,袁文伯于1956年加入了九三学社。袁文伯后来对我们讲,其实他1950年代,就非常希望能够加入中国共产党,但只是当时觉得自己不够条件。因姚承三同他说加入九三学社可以有利于他入党,所以袁文伯带着对中国共产党的向往和靠近党组织的渴望,加入了九三学社。此后,加入中国共产党成为其一生中始终不移的追求。1981年12月27日,70岁高龄的袁文伯终于如愿以偿,庄严地对党宣誓,加入了中国共产党,圆了他多年的入党之梦。入党后,他更是以党员的标准要求自己,96岁深居家中时仍主动打电话为汶川灾区捐款500元,101岁时仍惦记着让人代缴党费!

迟到的收获——北京研究生部时期

1978年,四川矿业学院正在酝酿迁出四川三汇坝办学,此时国家也已经恢复研究生教育,中国矿业学院被教育部批准为恢复研究生教育后的第

图 5-11　中国矿业大学北京研究生部(80年代)

---

[1] 姚承三,教授。浙江淳安人。1940年毕业于中央大学电机系。新中国成立前曾任英士大学讲师。建国后,历任上海市工业专科学校副教授,重工业部船舶工业局电气工程师,中国矿业学院教授、中心实验室主任。九三学社社员。长期从事矿用机电的教学和研究。编有《矿山机械的自动控制系统》等。

一批招生单位。在此背景下，鉴于四川已不适合招收研究生，为了合理利用北京留守处校舍，充分发挥留京教师和留守处教学实验设备的作用，解决培养研究生的急需，经国务院领导批示，在原北京矿业学院北京留守处校址上成立了中国矿业学院北京研究生部。

北京研究生部成立后，1978年底即在9个专业（方向）招收研究生，这是"文化大革命"结束后，矿业学院恢复研究生招生后的首届研究生，这些学生就在北京研究生部入学。袁文伯在四川矿院时就招收了王敦子、文国庆两名研究生。

研究生恢复招生后，中国的高等教育走上正轨，年近70岁的袁文伯重新又焕发了学术的青春。尽管一般来说科学家进行科学创造的最佳年龄多是在25—45岁之间，从现代生理学和心理学研究来看，这一时期是一个人的记忆力、理解力、判断能力等的最佳时期，是一个人创造力最好的"黄金时代"，或者称科学发现的"最佳年龄区"。但袁文伯的科学发现的黄金时代，因太多的战乱和政治运动浪费了很多时间，很多想做的事都不具备条件。袁文伯自己也认为以前的工作没能充分发挥他的作用，至少是发挥得不够充分。真正的工作是退休前这十来年，把袁文伯的能力和潜力都发挥出来了，成为其一生中工作最繁忙的时期，也是其多年积累的研究才华的集中释放期。

图5-12 研究生恢复招生后袁文伯在工作（由袁文伯儿子袁重果提供）

1980年9月，中国矿业学院根据煤炭部转发国务院【80】国科干第111号文件精神，推荐自然科学技术优秀拔尖人才，袁文伯同余力、周世宁（中国工程院院士）、钱鸣高（中国工程院院士）、朱建铭、吴震春、谢桂林、魏任之等16人被中国矿业学院推荐为自然科学技术拔尖人才。

第五章 矿院春秋　*109*

图 5-13 八十年代的袁文伯　　图 5-14 袁文伯在工作

　　1981 年 11 月 25 日，国务院批准中国矿业学院为全国首批具有博士、硕士学位授予权的单位，袁文伯所在的矿山工程力学专业成为首批被批准的 5 个博士学位授予点之一，袁文伯与高文泰、韩德馨（中国工程院院士）、杨善元、余力、朱建铭、姚承三、魏任之、陈至达等 9 位教授一道成为中国矿业学院首批博士生导师。

　　1982 年 2 月 17 日，经煤炭部批复，正式组成首届"中国矿业学院学位评定委员会"，袁文伯成为校学位评定委员会委员之一。

　　1983 年 5 月，中国矿业学院对 1978—1982 年度科研成果进行了首次评比奖励，共有 41 项成果获奖，其中特等奖一项，一等奖 10 项，袁文伯的"凿井专用新系列 11 吨钩头装置、4m³ 矸石吊桶的研制"获得中国矿业学院的"科学技术一等奖"，并被授予奖金 500 元[①]。

　　1990 年袁文伯荣获国家教委的从事高校科技工作 40 年，成绩显著"荣誉证书"。获此证书者除 40 年教龄外，还要

图 5-15 袁文伯获政府特殊津贴（1992 年 10 月 1 日）

---

① 但另一说法，据中国矿业大学（北京）人事处干部档案记载是 200 元。

在教学、科研、著作等方面做出显著成绩。

等等。

这一系列成绩的取得，是袁文伯多年来执着钻研的结果，也是对其学术研究工作的承认！

主要学术成就

袁文伯的学术成就主要是集中在工程力学和结构力学方面。作为一门传统学科，力学学科的发展和演进伴随着人类改造自然的实践活动，伟大的导师马克思把力学叫做"大工业真正科学的基础"，恩格斯则把力学称作"最基本的自然科学"。这一定程度上表明了力学学科的地位和作用。力学在工程方面的应用极为广泛，在绝大部分的工程，包括建筑、水利、交通、机械、采矿、冶金、化工、石油、军事、空间工程等领域，处处都需要力学。同时，工程实践也向力学提出了层出不穷的问题。任何工程都要设计和建造工程结构物，都有结构力学的问题需要解决。20世纪80年代，作为力学学科中极为重要的组成部分的结构力学发生了非常深刻的变化。在现代工程中，伴随着结构越来越复杂，要考虑的因素也越来越多，对力学提出的要求也越来越高，力学不断以崭新的成果深刻地改变着工程设计思想。

经过上海交大严谨的科学训练以及北京矿业学院30年的酝酿和积淀，酷爱钻研、一心向学的袁文伯阅读了大量的专业书籍，持续跟踪工程力学和结构力学方面国内外的研究进展，为进一步的研究工作做了非常充分的积淀。改革开放后，袁文伯在科学研究上厚积而薄发，学术成果如泉涌一般，汩汩而出。

作为一位年近7旬的老人，袁先生焕发了学术的青春。从1979到1989年10年的时间里，70多岁的袁文伯共计发表中英文论文40余篇，并主编著作3部，其中《工程力学手册》，包含结构计算和机械设计中经常遇到的原理、方法、公式和有关资料，共140万字。该书以其严谨的体系、清晰的主题、方便而实用的价值，荣获1990年第五届全国优秀科技图书二等奖。该奖励是国家级奖励，为科技类图书的最高奖。另外由袁文伯主编的《凿井工程图册》第五册"凿井专用设备设计计算示例",是煤炭部的重点图书。该书对凿井施工带来很大方便,的价值,荣获1990年第五届全国优秀科技图书二等奖。该奖励是国家级奖励,为科技类图书的最高奖。另外由袁文伯主编的《凿井工程图册》第五册"凿井专用设备设计计算示例",是煤炭部的重点图书。该书对凿井施工带来很大方便,对凿井设备设计计算起到了示范和指导作用。由袁文伯担任副主编的《岩土力学进展》反映了我国岩土力学研究的进展和水平。

在袁文伯的诸多成果中,有关吊钩实验的理论和实验研究最具代表性。

吊钩实验

1965年煤炭部组织编制《煤矿凿井专用设备施工图册》(后简称《图册》),其中前4册为设计图纸,第5册为《凿井专用设备设计计算示例》,由袁文伯负责主审。当时设计的4吨、6吨吊钩(钩头)和$2m^3$、$3m^3$吊桶梁都显得粗壮、笨重,给锻造和使用都带来不便,也留下了一系列理论上需要解决的问题。其中最主要的问题是如何采用合理的安全系数。吊钩的强度设计从理论上讲并不是什么难题,一般采用吊钩强度计算公式,即平

图 5-16 袁文伯在沈阳实验现场(右侧站立者,左为袁文伯先生的合作者,中国矿业大学陶龙光教授。由陶龙光教授提供)

面曲杆强度计算公式，计算出由于提吊荷重引起吊钩的危险截面的危险点的最大应力，即整个吊钩的最大应力点的应力值。以这个最大应力值对吊钩材料（低碳钢）的屈服极限（比例极限）的比值作为安全指标，称为安全系数。这时吊钩是在材料的弹性范围内安全工作。这是一般结构设计的常规方法。

对于矿井钩头（吊钩）强度设计的安全系数如何采用？根据《煤矿安全生产规程试行规程》（燃料工业部制定，1972年），规定专为升降人员的提升装置安全系数不得低于13，专为升降物料的不得低于10。但规程并没有说明如何计算这些系数，给实际工作带来一定的困难。因为安全系数是与部件的材料性质、形状、工作条件、荷载情况以及设计方法和公式的可靠性有密切关系。对这些因素的不同理解可以导致不同的安全系数，其差异甚大，甚至可达数倍。其实《安全规程》的安全系数是对极限（破断）强度计算的安全系数。

当时的设计工程师采用通常的设计方法，即用平面曲杆强度计算公式计算出由于吊钩荷重引起吊钩危险截面的最大应力对吊钩材料的屈服极限的比值，安全系数取10来设计。设计出的钩头（吊钩）笨重、肥大，改取安全系数 n=8，仍很笨重。因钩头是在矿井中提降人员、物料的多用途设备，井底又有工人在进行掘进工作，人命关天，安全极度重要，不敢再往下减。只把材料强度提高为强度极限 σ_b，这样安全系数 $n_b=8$ 在理论上根本说不清楚。这只是当时协商的结果，为以后设计凿井钩头留下了需要进一步研究解决的问题。与此同时，对于吊桶提梁的设计计算也存在着类似问题，连接装置的计算一直沿用苏联的方法，比较繁琐，也需要通过实验来进一步改善。

20世纪70年代末，伴随着国家工业建设的发展，煤矿建设规模越来越大，矿井越来越多，井型越来越大，建井速度随之加快，设备型号也随之提升。此前

图 5-17 钩头系列组合（由陶龙光教授提供）

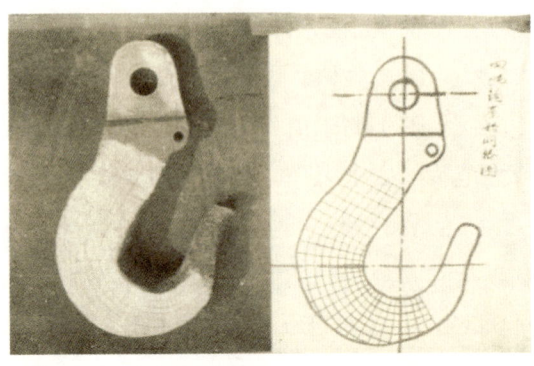

图 5-18　四吨钩原始网格图

图 5-19　钩头的弹性区和塑性区的划分

《图册》的设备已不能满足新型矿井建设的需要，需要设计新的设备。各种凿井设备都需要大型化。在这种情况下，以袁文伯为首的中国矿业学院的研究者们承担了钩头和吊桶新系列的研制工作。这次研制钩头、吊桶新系列不能再按照1965年编制《图册》的老办法，采用对材料强度极限的安全系数 $n_b=8$。这个安全系数明显偏大。建筑、机械等行业的地面起重吊钩的安全系数，按弹性曲杆计算，以屈服极限为依据时，轻型的大约是 $n_s=1.2—1.4$，重型的大约是 $n_s=2.0$，这与煤矿吊钩的 $n_b=8$ 相比，相距甚远。这使袁文伯他们看到 $n_b=8$ 大有降低的可能，但也不能仅仅凭直觉就可以降低，还需要进行严谨的科学实验。

矿山中使用的凿井钩头是一种由7个部件组成的能够旋转的设备。这种异型构件的变形破坏特征有其自身的结构特点。袁文伯及其合作者首先到一些矿井对钩头使用情况做了调研，看是否有钩头断裂或强度不足变形严重的事故，这些煤矿都说没有。只说有个别因挂吊没做好，发生滑吊脱落事故。于是，他们决定从吊钩实验入手，了解吊钩从受载荷开始，逐步加载，一直加到吊钩变形，在常载下继续变形到破坏的全过程，观察吊钩受力超过弹性后的变形情况，究竟还有多大后备能力，这样就可以显示安全系数的真实意义，为采用合理的安全系数提供资料。对钩头上部的连接装置部件也进行试验。

吊钩实验主要分两次进行：

第一次是 1978 年 5—6 月份，在辽宁煤矿建设局实验室对 6 吨旧钩、6 吨新钩[①]、4 吨旧钩、非标准 3 吨旧钩、地面用 10 吨起重旧钩各一个进行了电测及破坏

图 5-20　旧钩头破坏性实验的变形情况

性试验，主要想了解吊钩从开始加载，逐步增加荷载直到最后破坏的受力和变形的全过程，研究吊钩额定荷重以后还有多大的潜力，为安全系数的安全确立提供更为精确的认识。例如 6 吨旧钩的破坏荷载为 97.6 吨，4 吨旧钩破坏荷载为 92 吨。试验表明钩头的塑性区与弹性区都较为明显，有一个弹性核存在；钩头的塑性指标好，未出现断裂迹象；钩头还有很大后备承载能力。破坏情况见图。

第二次实验是在前次实验的基础上，经过计算分析、研究讨论，于 1978 年 12 月至 1979 年 2 月间，据曾经参与这项实验的中国矿业学院力学研究室的实验员詹明宇回忆，他到达沈阳的那天正值十一届三中全会召开。袁文伯在辽宁煤矿建设局的实验室对重新设计、制造的吊钩采用 20# 钢加工梯形、I 字形、T 字形断面各一只，采用 35# 钢加工梯形、I 字形断面各一只，共 5 只钩进行了电测及破坏性试验，并对不同材质、不同截面形状的钩头性能进行研究比较。这次试验是为测定数据，选择安全系数，为设计新型钩头做准备。

通过实验和分析，历时近 3 年的时间，完成了凿井钩头装置的理论研究及新系列 5、7、11 吨钩头的设计、试制任务，并交付兖州、邯邢煤矿进行工业性实验。

当时为了做这个实验，在辽宁省煤炭建设局的支持下，专门制作了一个 5m³ 的吊桶，配合实验的操作人员就有 30 多人，加载荷最高加到 200

[①] 6 吨新钩未做破坏性试验。

多吨，实验具有一定的危险性。当时，这种与工业应用密切相关的工程实验若没有政府部门和企业的支持和配合是很难完成的。

当时的实验设备和研究方法，按现在的眼光来看，是相当的原始和落后的。主要是应用应力应变仪测试吊钩的受力和变形情况。当时做实验都是人工读数据，人工检索、整理，画出图表，一个试验要画几十张纸。现在检索和整理的许多工作都可由计算机来做，但当时没有这样的条件，都是按照比较原始的方式进行的[①]。

图 5-21　5立方米吊桶整体的实验装置

图 5-22　使用应力应变仪测试吊钩的受力和变形情况

实验的主要成果

通过实验数据分析和理论研究，确定了钩头（吊钩）的合理安全系数，既便于设计计算，又符合《安全规程》的要求；同时也定出了连接装置的合理安全系数，使钩头和连接装置成为等强度系统，设计上更为经济、合理了。以此为依据精心研究设计了新系列5、7、

---

① 据北京矿业学院科学技术研究报告《立井开凿悬吊设施研制》记载：在1983年以前分两批三个阶段完成了吊桶提梁及4m³吊桶整体性实验研究工作。其实验研究与理论研究两者结论很符合。1982年3月，由煤炭部科技局组织了钩头及吊桶的多项试验，均取得了较满意的结果，使理论计算与试验研究得到了进一步的相互验证。82年10月以前陆续完成了有关资料的整理工作，编写了"凿井提升钩头、连接装置、大型吊桶的研制资料汇编"，综合和整理实验、理论、调研、设计等绝大部分资料，并编写了"凿井钩头、连接装置、4m³、5m³大吊桶研制工作报告"、"两项科研产品工业性试验报告"，编绘了设计、施工图纸等。1983年1月22日到24日在辽宁省煤矿建设局招开了鉴定会。

11 吨钩头，经过试制、试用、推广，解决了大型立井施工机械化设备配套的关键性设备。在分析研究钩头试验的破坏荷重时提出钩头受力超过弹性后的两个阶段承载能力（即屈服承载能力和极限承载能力）的计算理论，对钢梁极限承载能力理论有所发现和发展。关于理论的发现后面还要谈到。此项成果后来获得 1985 年煤炭部科技进步二等奖。

图 5-23　5 立方米吊桶加载 204 吨时吊桶梁的变形和破坏情况

袁文伯的工作通过理论实验和计算确定了吊钩的安全系数值，并真正应用于生产实践。并且直到现在生产中使用的还是这个标准，已沿用了 30 多年，实际应用的意义很大。这项成果在当时是很先进的，可以说是典型的通过理论来指导实验，使科研真正指导生产实践的典范。

袁文伯他们的设计与国外相比，11 吨钩头重量为 204 公斤，苏联 nyo 系列 11.5 吨钩头重量为 215 公斤，基本相等，而只有西德 12.5 吨钩头重量 624 公斤的三分之一。经技术鉴定，认为 11 吨钩头设计合理、强度符合要求，使用方便，能适应大型深井凿井提升的需要，填补了国内空白，并经鉴定后开始批量生产。目前，这项成果仍旧广泛应用于冶金、煤炭和机械工业系统[①]。

实验中的困难

吊钩实验经历差不多从 1978 年 5—6 月份开始，到 1983 年开鉴定评审会一直搞了四、五年的时间。在这个过程当中，像大吊桶可容纳 5m³ 岩石，载荷要加到 200 多吨，需 30 多个人配合做实验，实验操作起来是有相当难度的。但当时最大的困难并不是操作上的困难，而是缺乏人手。当时高等教育刚刚恢复，矿业学院力学方面的教师都忙于上课，抽不出人来，只有

---

① 北京矿业学院："立井开凿悬吊设施研制"科学技术研究报告，1983 年，内部资料。

矿建专业的陶龙光老师和袁文伯的一位研究生吕家立参加了研究工作。

吕家立是中国科技大学结构力学专业毕业，是由当时学校的领导介绍来的，挂在袁文伯的名下做研究生。但吕家立最后并没有读完。到差不多快毕业的时候，可能就差半年或一年的时候，据说可能是因为中国矿业大学（徐州）那边把他聘做教师了，就没有再读完北研部的研究生。

当时袁文伯都快70岁了，腿脚也不好，去沈阳出差做实验，一去就是两三个月，特别是冬天的时候，当时东北的冬天特别寒冷，条件也比较艰苦。这些袁文伯并没有觉得是多大的困难，并且一到实验现场，就成为实验主力，怎么做实验都是他出主意，甚至还做了许多具体的事情。沈阳的吊钩实验从理论上和实践上的收获，都比名义上的收获多得多。

通过实验揭示出一个很重要的问题，这个问题是一个规律性的认识。过去所有工程上的材料都是在弹性范围内应用的，特别是金属材料，没有人超越弹性范围。一般的产品设计都要满足三个条件：第一是实用，第二是经济，第三是美观。建国初年，美观不是很重要，首先要求经济，因为太穷，先实用和经济，美观就少一点。实际上还有一条是安全，甚至可以放在实用的前面，不安全就不可能用。

尽管吊钩的实际应用只是在弹性范围之内，但是吊钩的实验测定已经超出弹性范围，实测到了塑性变形的相关数据。1950年代以后，很多规范规定，破坏条件下，弹性能力破坏了就不能再使用了。所有工程上的实际应用都只能是在弹性范围之内，袁文伯他们研究的极限承载力是一个理论问题，包含了超出弹性范围的探讨。

极限状态方面的研究是袁文伯多年来持续关注的一个领域，许多成果都是围绕这方面展开的。极限状态理论是从1940年代，大概抗战胜利以后，在美国兴起，苏联在这方面的研究做得也很好，英国也有许多学者从事相关方面的研究，把极限状态研究搞得热火朝天。苏联人说是他们最先发现的，实际上美国人也搞。当时，大家都认为已经把极限状态给定性了。有几本著作是专门讲极限状态的，如 *Plastic Method of Strutural Analysis*（by Neal B.G），*Plastic Theory of Structures*（by Michael R. Itorne 1971）。袁文伯在50年代翻译的两本苏联的有关极限状态的书《钢梁极限状态》（Б.М.伯罗乌杰著，建筑工程出版社，1957年）和《极限平衡法结构承载能的计算》（格沃兹杰夫著，建筑工程出版社，1958年），就是有关这一问题的研究。

实际上，吊钩也存在极限状态，根据袁文伯他们做的实验，吊钩在超过弹性范围进入塑性范围后，弯转并不明显，实际上是没有明显出现塑性铰。他们通过实验知道，坏的时候究竟是怎么坏的，到一定时候不加载也坏了。极限状态应该是不能再加力了。吕家立当时做了个表，表征了到极限状态时的坏与不坏。后来，围绕吊钩实验，袁文伯和吕家立在《中国矿业学院学报》（1979年第4期）发表了相关研究成果，论文的题目是"钩头超过弹性后两个阶段承载能力"。

图 5-24　袁文伯与吕家立发表的论文"钩头超过弹性后两个阶段承载能力"（《中国矿业学院学报》1979 年第 4 期）

实验的实际收获很大，但后来因为工作繁忙，同时，也不具备实验条件，加之吕家立的离开，更进一步的研究也没有继续做下去。

理论上的发现

前面提过钩头实验分两次进行。第一次是 1978 年 5—6 月在辽宁煤矿建设局实验室进行。第二次是 1978 年 12 月至 1979 年 2 月间进行的。第二次试验完成后，吕家立把试验数据整理成一个综合表格拿给袁文伯看[①]，当时想能否用一个理论计算值去符合此表的破坏载荷的试验值。袁文伯让吕家立用结构塑性计算理论的极限承载能力值（极限荷载）试试能否符合。过了几天，吕家立把极限承载能力值计算出来，把与此值相对应的钩口变形也找出来。计算出来的数值远比实验的破坏载荷少得多，而且此时的变

[①] 表格参见《凿井提升钩头、连接装置、大型吊桶的研制资料汇编》第 48 页表 3。

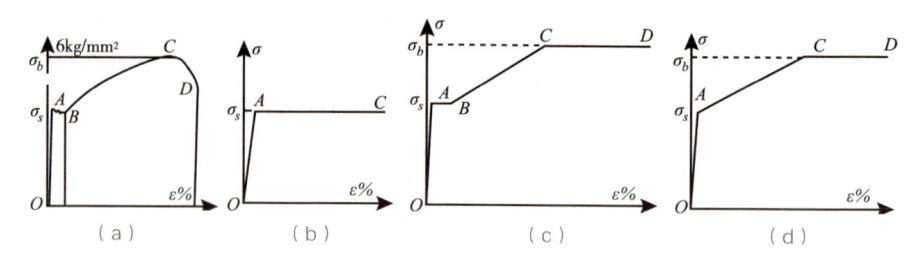

图5-25 a、b、c、d，采自袁文伯、吕家立（《钩头超过弹性后两个阶段承载能力》，《中国矿业学院学报》，1979第4期，第108页）

形与荷载仍是单值关系。袁文伯认为结构塑性理论是以理想弹塑性体的应力－应变曲线为依据而建立起来的。对钢材来说，只有一小段OAB部分是合适的，应变超过了B点，就要强化、升高，不再是水平线了。袁文伯指导吕家立将强化最后段近水平的曲线简化作水平线，其纵向高点取作σ_b，简化成图5-25d。据此算得极限承载能力（荷载）试一下。于是就叫吕家立把σ_b代替σ_s去算极限荷载，看能否符合破坏荷重。吕家立回去计算了。次日来告诉袁文伯，据袁文伯的想法计算所得的极限荷载与试验所得的破坏荷重符合得很好，相差不超过百分之十。俩人都非常高兴，他们发现和创建了新理论、新公式，而根据这个新公式计算出极限荷载与以前试验所得破坏荷重十分符合。为了区分通常的结构塑性计算理论的极限承载能力和他们以强度极限σ_b为水平线建立起的极限承载能力，他们把前者称为"屈服承载能力"，后者称为"极限承载能力"以示区别。为了说清楚这个成果，他们写了一篇论文"钩头超过弹性后的两个阶段承载能力——屈服承载能力和极限承载能力"刊登在《中国矿业学院学报》1979年第4期上。文中说明理论推导和实验数据非常符合，但并没有说明这一理论公式是他们的创新。

这一新理论的学术意义在于：

（1）新发现的"极限承载能力"理论和公式是对原有的"结构塑性计算"理论的补充和发展。在实验中发现在原塑性分析的最大荷载，因为钢材有了强化性质，塑性分析中的"塑性铰"不成立，不存在。因此，以"塑性铰"为基础的刚架塑性分析方法便不能成立了。

（2）吊钩的破坏荷载可用"极限承载能力"的方法计算出来，吊钩的破坏试验就可不做，省却很多麻烦，后益无穷。

（3）吊钩的极限承载能力理论，根据推理，对钢梁也应该适用。

（4）可以把吊钩或钢梁的承载能力分成三个阶段，即弹性阶段、屈服阶段、强化（极限）阶段，这样对吊钩、钢梁的安全情况能够具体化了解，即对安全系数的理解更具体化了。

吊钩实验的结果不仅使吊钩变得经济、实用和美观同时又有理论上的突破和发现。1983年5月，被评为中国矿业学院的"科学技术一等奖"，1985年荣获煤炭工业部科学技术进步二等奖，获得奖金3200元，学院1600元，扣除过去已获奖金500元，剩下1100元，按煤炭部要求，把这1100元全部分配给了项目的主要研究人员——袁文伯教授和陶龙光讲师[1]。这项成果在当时算是学校里比较好的成果了。但当时的评价包括奖励更多的是关注于从技术成就角度来评价吊钩，而不是着眼于吊钩实验在理论上的发现和发展，这一成果不仅仅是一项技术成果，而且也包含着科学上的推进。

《工程力学手册》

《工程力学手册》是工程技术人员非常实用的一部手册。该书1988年由煤炭工业出版社出版，共计140万字，共计发行5000册。该书出版后，受到广大工程技术人员的好评。1990年，该书荣获第五届全国优秀科技图书二等奖，此项奖励为国家级奖励，是科技类图书的最高层奖项。该届获奖科技图书（包括理工农医）共84种，其中工科方面的31种，煤炭系统仅此一书获奖。

《工程力学手册》一书结构体系的酝酿始于"文化大革命"时期。"文化大革命"期间，袁文伯由于身体的原因没能随北京矿业学院搬迁至三汇坝，而是在重庆工作了一年多后回到当时北京矿业学院的留守处。由于他为人低调，"文化大革命"中也没惹上什么麻烦，就有很多闲暇时间。闲暇时，他就去北京图书馆看书。在看书的过程中，袁文伯萌生了写一部有关结构力学方面的教材的想法，尽管限于当时的环境和条件，他的想法不能

---

[1] 据中国矿业学院1985年11月22日的一份证明材料。

图 5-26　袁文伯主编的《工程力学手册》（该书是一部工程技术人员的实用手册。1988 年由煤炭工业出版社出版，共计 140 万字，1990 年荣获第五届全国优秀科技图书二等奖）

付诸实施。但袁文伯心中已经开始布局谋篇，构思一部体系完整、内容简洁的结构力学大全式的书籍。结构体系的确立是写作一部著作的灵魂，它反映了书作者对一个学科诸多理论问题的深入思考和以及对相关问题整体的理解和把握，凝结着著作者的心血和智慧。袁文伯在构建体系的过程中，不停地思考、不断地修改，经过反复多次的思考和修改，确立了该书的结构框架。

《工程力学手册》一书是一部工程力学的大全式的手册，其图书构架清晰，内容全面，且非常实用。这本手册包括结构计算和机械设计中经常遇到的原理、方法、公式和有关技术资料还有刚体力学、分析力学、材料力学、弹塑性力学等学科的基本内容和基本理论及主要的计算公式，与计算有关的常用工程材料规格和技术等方面的内容。工程技术人员在结构计算、机械设计以及解决某些技术问题时，常常需要应用工程力学的原理和公式以及有关技术资料数据。但工程力学的内容非常广泛，公式十分繁多，散见于各种工程和力学的图书资料中，卷帙浩繁，查阅非常费时费事，给技术人员的工作带来很大麻烦和困难。袁文伯基于技术工作人员的这一困难，编写了这部大全式手册，把工程设计和计算中常用的力学原理和公式从各种图书资料中搜集出来，加以整合集中在一起。同时还收集了一些工程设计计算中常用的各工程材料规格、品种，以及常用的技术数据等；与此同时，他们还尽可能使这些计算方法、工程材料规格和技术数据符合我国现行规范的规定和适合我国国情，便于设计人员和技术人员的应用。工程技术人员有了这样一本手册，对于一般的工程计算问题都可以应用它来解决。使得工程技术人员在设计计算时基本上可以在这本手册中找到他们所需要的计算公式和方法及有关技术资料数据，省去了查许多种图书资料才能寻到解决问题方法的时间。只有遇到比较复杂的计算问题，应用这本手册不能解决时，再去查阅有关的专门文献。

除此之外，1989 年，袁文伯作为责任编委主编了《凿井工程图册》（第五册）——《凿井专用设备设计计算示例》，该图册是煤炭部的重点图书，对凿井设备设计计算起到了示范和指导作用。1990 年，作为副主编，袁文伯还同主编陈祥福一道编写了《岩土力学进展》，反映了我国当时岩土力学研究的进展和水平。另外，袁文伯还审阅了强心诚著的《带斜柱的多层钢架计算》，该书由煤炭工业出版社 1978 年出版，书中对在煤矿及其他矿山地面建筑结构设计中经常遇到的带斜柱多层简式和复式钢架结构提出了一种比较简捷的新的计算方法，该书的"编者说明"中注有"在初稿完成后又经过胡铭同志及袁文伯同志进行了详细的审核与校阅，并对本计算方法的最后完成起到了很大作用；审阅了淮南煤炭学院、山东矿业学院编的《建井工程结构》（该书分上、下册，上册为建井钢结构，下册钢筋混凝土结构，上册主要是钢结构基本构件的计算理论以及一架（凿井井架）、二台（天轮平台、卸矸台）、三盘（封口盘、固定盘、吊盘）、立井液压滑升模板等设计和计算。下册主要钢筋混凝土基本构件的计算理论及井壁、巷道支护结构、凿井设备基础等设计和计算。该书由煤炭工业出版社于 1979 年 6 月出版，书的前言中提到了"煤炭工业出版社还邀请了袁文伯教授为本书进行了审订"。

师者袁文伯

在我们第一次采访袁文伯先生时，当我们向老先生说明来意时，老先生对我们讲的第一句话就是向我们澄清："我不是什么老科学家，我只是一

图 5-27　95 岁生日时与学生在一起（左一为陈智纯教授、左三为袁文伯、左四周芃生、左五为孙幼兰、左六为周澍等）

个教书匠，教了一辈子书，只不过教书比较用心而已。"的确，在袁文伯的职业生涯中，他最主要的职业就是教师，一辈子都在教书育人。无论是新中国成立前，还是新中国成立后，袁文伯教过学生难以计数，来到中国矿业学院后，更是如此！

如今，袁先生的许多学生都已经白发苍苍，但依然还能记得老师当年讲课时风趣的话语。如袁文伯的学生——中国矿业大学陈智纯教授在其回忆文章《恩师、同志、榜样》中写道：

开始你会感到袁老师讲课不属于那些谈笑风生的老师。但随着课程的进行，袁老师幽默生趣的风格凸现在课堂教室里，同学们会哈哈大笑。记得在十一月下旬上的一次课，同学们正全神贯注地在听课，一阵啪啪啪的声音打断了袁老师的讲课，停顿一会袁老师笑了笑说："你们知道这是什么响声吗？"不等大家回答，袁老师又笑了笑说："那是温度应力，暖气管因为热水流入，热胀冷缩效应产生后的反应。"同学们都对袁老师这既有理论又联系实际的现场实例讲解敬佩不已。

在袁文伯的教学生涯中，他教过许多门课，在广泛的力学领域有着十分丰厚而广博的积累。作为老师，他先后为本科生和研究生讲授过约 20 门课程，例如结构力学、高等结构力学、弹性力学、塑性力学、结构动力学、结构塑性分析、结构稳定、岩土力学、基础工程、钢筋混凝土等课程，其中教得最多的一门课还是结构力学课。结构力学对土木工程专业而言是一门非常重要的核心课程。最初给学生上课时，因袁文伯是浙江人，说话有浓重的浙江口音，许多同学听不太明白。但学生陈智纯因是在杭州长大的，能够听懂浙江话，因而也充分享受到了袁老师讲课的高超艺术和深厚扎实的理论基础。在我们对袁文伯学生的访谈中，我们提到袁先生说话浓重的浙江口音，会不会影响同学们听课。大家普遍的反应是尽管袁先生讲课有较浓重的浙江口音，但同学们慢慢听听也就习惯了，加上袁先生讲课特别认真，努力想办法让学生听懂，再辅以板书和教材，并不影响学生听课。反倒是因为其口音独特而独具魅力，而对袁先生的课留下了更为深刻的印象。[1] 的确，在我们的访谈过程中，也发现伴随着我们与袁先生的熟识与了解，他那带有较浓重的浙江口音也变得越来越清晰、亲切和富有磁性了。

图 5-28　袁文伯、谢企彭等与建 50、建 52 学生在北京西郊新校园合影（1953 年 6 月 6 日，由袁文伯提供）

---

[1]　陈智纯、周澍等人的访谈，2010 年 12 月，北京，资料存于采集工程数据库。

图 5-29 与建 50 学生重聚首（1991 年 10 月 15 日，前排中间拄拐杖者为袁文伯。由莫国震提供）

  袁文伯在长期的教学生涯中，与学生建立了非常深厚的感情。特别是与建 50 级的学生，他们是袁文伯来到中国矿业学院教的第一批学生。他们毕业近 60 年了，依然与他们的袁先生保持着很密切的联系。直至现在，甚至他们自己也都已老态龙钟，依然不辞辛苦，坐公交车穿越大半个北京城去探望他们的先生。坐在先生的家里谈天说地，畅所欲言，仿佛又在老师那里找到了当年做学生，甚至孩子般的感觉。袁先生的这些学生们，提起袁先生，无不赞叹袁先生与世无争、平和淡定的品性，以及老先生严谨治学、献身学术的精神！直至今天，先生依然以其理性的光辉和仁者的形象照耀着学生们的人生！

  从 1978 年北京研究生部成立，袁先生指导的第一批研究生王敦子、文国庆入学，到 1988 年袁先生的关门弟子陈进毕业，在短短 10 年的时间里，70 余岁的袁文伯先后指导 9 名研究生，5 名博士生[①]。在讨论袁文伯入党的座谈会上，以陈至达先生为代表的教师和学生，充分肯定了袁文伯认真做事、严谨治学的科学精神，很多教师都说袁先生带的学生多，工作辛苦，

[①] 程品三、陈进、王悦、林小松、孟宪颐等 5 名博士，其中孟宪颐是与赵国景教授合作培养的。

甚至说清华大学的老师也没有带这么多的学生。

袁文伯在指导研究生工作中，能够结合每个学生的情况和特点，制定培养计划，因材施教。研究生陈宽德的硕士论文写的是有关冻结壁的计算问题，袁文伯本人对于这一领域不是十分熟悉，但他并没有阻止学生的自主选题，而是想办法帮助学生查找相关资料，甚至还亲自带着陈宽德一起去中科院向相关人员请教。通过对学生的循循善诱、言传身教以及严格要求，既培养他们成为精通业务、具有较强科研能力的高级科技人才，又教书育人，使他们成为热爱祖国、热爱人民、致力于社会主义建设的高级人才。如今袁文伯的弟子们大多都在高校做研究工作或在实际部门从事技术工作，并在工作中做出了不斐的成绩，成为教学和科研骨干、技术骨干、学术带头人等。在我们所采访的袁文伯的几位嫡系弟子中，如陈进、余耀胜、林小松等都非常感谢并受益于恩师的指导，认为袁先生给予他们的指导和严谨的学术训练为其后来的工作奠定了坚实的基础，并使其受益良多，同时，袁文伯先生严谨治学、踏实做人的精神也在弟子身上得到传承！。

图 5-30　袁文伯教授为其博士生陈进制定的培养计划手稿（本扫描件由外经贸大学的陈进教授提供）

1980 年代，可以说是袁文伯一生中最忙碌而充实的时间，不仅有常规的教学工作，而且还有繁重的科研工作，又要指导研究生以及其他一些工作。尽管袁文伯当时已经 70 岁了，身体也不是很好，但他对工作充满激情，每一项工作都十分认真地对待。

同是袁文伯的硕士和博士、现为对外经济贸易大学教授的陈进，在学期间就发表了学术论文 16 篇有余，博士论文答辩为优秀，其博士论文工作被评价认为达到了学科前沿。陈进毕业后留校任教，1993 年的时候，陈进因对计算机感兴趣，学术兴趣发生了转移，转向以计算机为工具的金融信息分析，想要调到当时的中国人民银行的金融学院（后并入外经贸

第五章　矿院春秋　*127*

图 5-31　袁文伯百年寿辰时同学生在一起（2011 年 3 月 25 日，前台右一为谢和平院士、后排从左至右依次为林小松、安里千、余耀胜、姜耀东、陈进、何满潮）

学）工作。为了这件事，陈进怀着忐忑的心情特地来到袁老师家里，和老师谈论有关专业转型的事情。尽管当时陈进是袁文伯在矿业学院所剩的唯一嫡传弟子，由于因年龄的原因，1985 年以后，袁文伯先生就没有再招学生，所以袁先生直接指导的研究生并不多，留校任教的更是凤毛麟角。但袁先生并没有从自身学术传承的狭隘视角考虑问题，而是充分尊重学生的选择，非常开明地同意了陈进的选择，表现出尊重学生、不佑传统、勇于创新的大家风范！对此，陈进至今记忆犹新，导师的教诲不断激励他在新的领域中不断创新、鼎力前行！

袁文伯与书

袁文伯出身于书香门第，从小就与书结缘，小时候家里就藏有很多的线装古书；求学时如饥似渴地读书；工作后，依然读书、爱书、买书、藏书。据他本人讲，他的收入除了养家糊口外，绝大部分都用来买书了，书籍成了其生命中不可或缺的一部分。

初中时，袁文伯就痴迷于读书，连干活时都读书，读书成了他一生的习惯，无论是求学时，还是任教时。如今，百岁的袁老在我们采访他时，依然能够清楚地说出那么多专业书籍的中英文名字，真的令我们这些后生晚辈深深折服。据袁先生的儿子袁重果讲，袁夫人当年在教育孩子时都说，"你们说书看完了，看看你爸爸，直到现在都还在读书呢！"

袁文伯先生的藏书在北京矿业学院是出了名的，家里书特别多。去过他们家的人，都对他们家那么多的藏书留下了深刻的印象。在我们采访袁文伯时，袁先生交给我们一个红色的笔记本，那上面登记了他的一部分藏书。他说这上面列的书大概只有其全部藏书的十分之一左右。我们对红色笔记本上的藏书目录做了一个简单的统计，在这个小本子上所列的书目，有专业图书135本，综合性图书的（以文学和历史为主）172部，工

图 5-32　1988 年袁文伯指导的博士论文以及撰写的论文评议书（由陈进提供）

图 5-33　袁文伯本人笔记

第五章　矿院春秋

具书 42 本，英文书（主要以专业书为主）118 本，俄文书 29 本，英语学习书 33 本，总计 429 本。那么估算一下，袁先生的私人藏书可能有 4000 册左右。据袁文伯讲，他的许多藏书甚至图书馆里都没有，特别是一些老书。这些书大都是他一本一本地从各个书店买回来、背回来的，凝聚了其毕生的心血，是其学术成长经历的最好写照，也是其一生最宝贵的财富。用袁文伯自己的话讲，从这些书中，可以看出他的成长。他对每一本书都充满感情，每一本书都饱含了袁文伯对知识的渴求，每一本书对其而言都弥足珍贵。退休后，因为年纪大了，又要搬家，儿子劝他把这些书都捐给学校。袁先生觉得能让更多的人分享他的这些书，更能发挥出这些书的价值，于是，便将这些书捐给了当时的中国矿业大学（北京）的力学教研室。以袁老捐的这些书为基础，组建了力学教研室的图书资料室，使他的藏书能为更多的学子阅读。尽管很多人可能并不真正理解这些书的真正价值，但实际上，袁先生的这些书籍是十分珍贵的，它们记录了袁文伯学术成长及其历程，对于科学史研究和作为了解其学术成长的珍贵文献都是十分宝贵的。我们在做采集工作时，曾在孔夫子网上搜到一本 1936 年发行

图 5-34　袁文伯教授 80 寿辰暨从教 50 周年纪念活动（中间站立者为袁文伯，左三为杨善元教授。莫国震提供）

的、写有袁文伯亲笔签名的《交通大学一览》，2007年在孔夫子网上的拍卖价格是140元，已被人收藏，但愿这位收藏者是一位知道并珍视它的人，并使其充分发挥其价值！后来，袁文伯捐献给中国矿业大学（北京）力学教研究室图书因教研室搬家无处存放，将这部分图书和资料进行了处理，一部分分给了当时搬家的学生，一部分则流失了。

许多人买书、藏书，但并不一定看书。袁文伯则不同，他买的书，特别是专业方面书籍几乎都看过。在我们的采集过程中，百岁老人的袁文伯谈起他的

图5-35 写有袁文伯亲笔签名的出版于1936年的小册子《交通大学一览》

这些书来依然记忆清晰，都能够说出这些书的名字来，甚至在提到著名的工程力学学家铁木森科（Timoshinko）有关工程力学方面的几本书，诸如《高等材料力学》、《普通力学》、《稳定理论》、《工程中的振动问题》、《弹性力学》、《结构理论》、《工程力学》、《材料力学史》等，至今连英文的书名都能够脱口而出。他拥有的这些书，他都曾非常认真地研读，并对他的学术成长产生了很大的影响。

作为一位博学的学者、一位力学大家，袁文伯是那么淡薄名利，不嗜张扬，唯一所钟爱的就是与书为友，并用一本本书记录并书写了一部温馨而睿智的书香人生！

值得一提的是，袁文伯先生在其近70岁高龄之时，坚定地提出加入中国共产党。1981年12月26日，在毛泽东诞辰纪念日的支部大会上，经袁文伯的学生陈智纯的介绍，支部大会一致通过了袁文伯的入党决议。袁文伯在步入古稀之年，庄严地向党宣誓，其心情之激动与喜悦是难以用言语来表达的。历经新旧中国的知识分子都怀有真挚的爱党、爱国情怀，袁文伯前半生历经军阀混战，四分五裂，何来国矣。九一八事变，日寇入侵，东北沦陷；卢沟桥事件，日本发动全面侵华战争，国土一片片丢失。

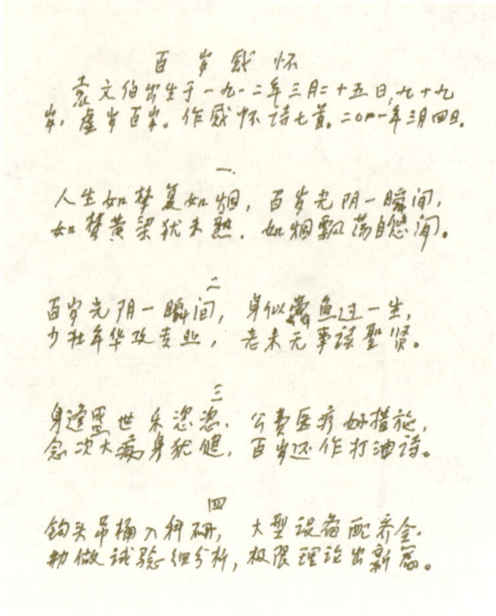

百岁感怀

袁文伯出生于一九一二年三月二十五日，九十九岁，虚岁百岁。作感怀诗七首。二〇一一年三月四日。

一

人生如梦复如烟，百岁光阴一瞬间，
如梦黄粱犹未熟，如烟飘荡自悠闲。

二

百岁光阴一瞬间，身似蠹鱼过一生，
少壮年华攻专业，老来无事读圣贤。

三

身逢盛世乐悠悠，公费医疗好措施，
几次大病身犹健，百岁还作打油诗。

四

钩头吊桶入科研，大型设备配齐全，
勤做试验细分析，极限理论出新篇。

图 5-36　袁文伯先生的《百岁感怀》（由袁文伯提供）

青年时的袁文伯心中无限悲愤，爱国之心难以付诸行动。1949年中华人民共和国成立，袁文伯爱国、爱党的情感不断加深，特别是在我党克服了“文化大革命”带来的灾难，重新走上正确的道路之后，袁文伯更加坚信只有共产党才能领导中国人民走上国富民强之路，并以实际行动体现了作为一位知识分子和理论研究者对国家的责任。赶上改革开放的大好时光，袁文伯人老心不老，对党的信念愈加坚定，对祖国的美好前景充满信心。正如袁文伯在 1983 年 2 月 2 日入党一年的思想汇报中写道：

> 这几年来，我的工作任务很重，今后几年仍然很重，有科研、有研究生、有教学，还有其他工作。我已经 70 多岁了，能力有限。工作任务实际上已经超过了我的能力。我要完成这些任务是相当费力的。但我余年无多，能工作的时间不多，我要在尚能工作的时候，多做些工作，把自己的知识和能力尽可能地贡献出来，才心安理得。①

30 年后的今天，百岁高龄的袁先生依然壮心不已，日常饮食起居规律，爱与人聊天，关心国家大事，不仅健谈，而且思路清晰、视野开阔。闲暇之余读写一些古诗文，正如袁文伯先生自己在百岁寿辰时所写的小诗那样“少壮年华攻专业，老来无事读圣贤”。袁文伯先生生命历经百年，尽管屡遭磨难，但依然乐观、知足、有平常心。在此，我们谨祝袁先生健康长寿！

① 参见中国矿业大学（北京）人事处干部档案。

结 语

时至 2013 年，袁文伯先生已经 101 岁了，因年事已高，不便于专为本传记写序。本文是在袁文伯先生本人撰写的小传基础上综合而成。袁文伯先生在 1980 年 8 月、1994 年 7 月曾撰写过两部小传：一部是袁先生入党前的思想汇报，大约 2200 余字，原稿现存于中国矿业大学（北京）人事处干部人事档案中；一部是袁先生为上海交大 1937 届级友通讯所写的回忆文章"往事回忆"，近 3000 字，二稿均未公开发表。我们将后者附于此处，作为本书的结语。

我于 1912 年 3 月出生于浙江省天台县一个家道不很富裕的家庭。父亲是晚清秀才，爱好古诗文，常以诗文自娱，我上初中一年级时父亲病逝。家中留下不少经史子集之类的古旧线装书，我当时年幼，尚不能完全理解，但受到一些熏陶，养成我一生爱书的习惯。因为家境不很富裕，从幼年时就想要努力学习，谋求出路，因此埋头苦学，认真读书。

在家乡的天台中学读完初中后，1930 年考入当时有名的浙江省立高级中学（次年改称浙江省立杭州高级中学）。1933 年杭高毕业，报考了上海交通大学和浙江大学土木系，均被录取。因交大名声大些，我选择了交大。那年杭高同学考取交大的人数不少,约18人,具体人数记不清了,是考取交大人数较多的中学之一。那年土木学院就有周忠钫、姚传甲、陈民三、章昌燕和我共五人,其他院系有李守震、蔡驹、马少驷、魏重庆、姚诵尧、吴祖垲、王子仁等。

大学一年级时我和徐桂芳、肖立坤、蒋家鑠、汤兆文五人同住一房间。汤兆文兄爱打弹洋琴,有时打奏一曲,十分悦耳。至今已六十年①,汤兄已作古多年,音犹在耳,如同昨日。当时还有周仁同学常来找蒋家鑠、汤兆文(三人都是管理学院学生)聊天,讨论学问,同学花絮,天南地北,风趣横生。记得是年家鑠兄得一贵子,取名俊之。二年级时和徐桂芳、周乾昌同学同住一室。三、四年级在执信西斋和章昌燕同住一室。章性急,我性慢,互相调剂,互相补充,相处甚好,互有得益。

在交大读书时,我一心想学好科学技术,为祖国建设贡献力量,使祖国逐步富强起来。交大教育在当年是很有特色的。第一,因为考生多,而且都有相当实力,招收到的学生学习基础好,入学门槛高;第二,基础理论课,如物理、化学、数学等课程对学生要求非常严格,一丝不苟,一字不苟,使学生受到非常严格的训练,为专业课学习打下坚实基础,四年的交大学习生活为我一生的工作奠定了良好基础。

1937年6月大学毕业,我回到家乡天台等候分派工作。当时交通大学的毕业生都由国民党的铁道部分配在铁路系统工作。回到家乡没有几天,抗日战争爆发了。7月7日,日本帝国主义在卢沟桥发动侵略战争,接着又把侵略战火烧到上海。国民党军队节节败退,敌人飞机到处狂轰滥炸。我在天台家乡等候去铁路工作通知的时候,当时的国民党天台县政府接到上级通知,要给境内的公路桥梁准备抢修材料,要求境内公路桥梁被敌机炸毁时,能及时抢修。在天台这样一个小县城,那时候没有人懂得修桥梁的,其实只不过几座桁架桥。因为

---

① 按1994年计算。

我是学习土木工程的，多少懂得一点桥梁知识。当时的县长梁济康[①]通过我的堂叔袁鼐臣[②]（他当时是县政府的科员）要我帮忙办这件事。我去了之后，什么事也办不了。一无钱，二无料，公文推来推去，我是一个初出茅庐的大学毕业生，过去埋头在技术书中，怎能应付这样的工作环境呢？大约过了20几天，我就不干了，到天台的几所中学教书了。

当时天台有三所中学：一所是原来的天台中学，另两所是因为战争从上海搬到天台的育青中学和大公中学，借用宗祠庙宇作为临时的校舍。这三所学校都聘我教书，我就在三校兼课。当时薪金是按上课钟点计算的，十分微薄，三校合起来的工资共约三十元，生活很紧，中学教书只是临时之计。后来交通大学通知我去浙赣铁路报到，可是把我的报到信和另一位同学错寄了，而且当时上海、南京、杭州都已沦陷，金华亦已吃紧，我就没有去铁路报到。在中学教书，原临时之计，生活又紧，不可久留，但一时又找不到较好工作。

在天台中学教了一年书。1938年暑假，我应上海大公职业学校之聘，为土木科教员，讲授应用力学、材料力学、结构学等课程。大公学校是一所中等技术专业学校，有土木科，专业对口些，但薪金仍低，生活不好，而且当时上海是沦陷区的一座孤岛，靠着帝国主义的租界苟延残喘，觉得不是滋味。

于是，写信和当时的浙江省建设厅和英士大学联系，他们都欢迎我去。1940年我从上海去浙江丽水。当时抗日战争已经打了三年，国民党蒋介石政府只会反共、欺压人民，对外一味献媚退让，节节败退，粤汉线以东的大中小城市和大片国土都沦陷了，只留下了一些偏

[①] 梁济康（1897-1954），安徽巢县人，毕业于北京民国大学经济系，民国25年（1936）下半年任天台县长。民国27-29年，利用天台中学、大公中学和育青中学寒暑假期间，发起全县性肃清文盲运动，办起两千多所暑期学校，成绩为浙江省之冠。抗战期间，提出生产自救，奖励兴修农田水利，号召种棕、种茶，发展山区经济。创办天台县出征军人家属草帽传习所，组织妇女结鞋帽。民国31年5月辞职后离开天台，不少人争相欢送。参见《天台县教育志》第十二章。

[②] 在袁文伯本人撰写的小传中曾说此人是县政府的科员，但据袁文伯的中学老师施督辉先生说此人曾任天台县教育局局长多年，并和施督辉先生熟识。据查，1912年袁鼐臣先生创办天台模范小学。

结 语 | *135*

僻山区。当时因抗战关系，浙江省建设厅和英士大学都在丽水，还有许多单位迁到丽水。

英士大学是浙江省办的一所大学，设有工、农、医三个学院。工学院有土木、机电和化工三个系。由于当时抗日战争发展，京汉、粤汉线以东的大学基本都已西迁，英士大学就是为招收东南沿海失学青年的。当时交大同学徐桂芳兄在英士大学，还有交大老校友、我的杭高老师瞿渭先生，交大老校友赵曾珏先生时任浙江省电话局长、兼任英士大学工学院长，还有我的同乡前辈陈荩民在英大任教务长等，因此我就进了英大工学院土木系当助教。当时英大教师很缺人，我参与讲授结构学、工程结构等一系列主要课程，很快得到锻炼提高，次年升为讲师。从此我就一辈子在大学里过着教师生活。乃于1940年夏来到浙东丽水。

英士大学因为地处东南抗战前缘，教师很缺，我当时还是一个年轻助教，不久就独立讲课了。开始是讲应用力学和材料力学，以后讲结构理论和钢筋混凝土结构等一系列力学和结构方面的课程。我当时开这些课程受到的压力很大，花的时间很多，但过了五六年之后，我成了力学和结构方面的主要教师了。

1942年夏，因为抗日战争进一步发展，浙江丽水沦陷了，1942年英士大学搬迁到浙南山区非常偏僻的泰顺县的司前，改成国立英士大学。1943年夏，国民党教育部把国立英士大学的工学院独立出来，改名为国立北洋工学院，迁到离司前约十公里一个名叫百丈口的小镇上。把在闽北山区的东南联大的文法学院并入英士大学，仍在司前。司前和百丈口是浙南山区最穷苦的地方，在百丈口北洋工学院的工作条件和司前差不多，只是生活上越来越艰苦了。我仍坚持在黯淡的青油灯下备课、写讲义。这时已到了抗日战争后期，由于通货恶性膨胀，物价一日三涨，生活极度贫困，工作也越来越困难。我对国民党政府的抗战失去了希望，颠沛流离的生活不知何时方了。

1944年夏，我从百丈口北洋工学院回到天台老家渡暑假，不久温州又沦陷。从天台去百丈口要经过温州。交通阻断了，回百丈口有困难了。于是就在从宁波迁到宁海的鄞县联合中学教书，暂渡难关。

1945年日本投降了，抗战胜利了，我回到英士大学工学院土木系任副教授，这时北洋工学院又并入英士大学成为英大工学院，迁到温州，是年我被升为副教授。次年迁到金华，我也随迁到金华。好容易盼到抗战胜利，以为有了过太平日子的希望了，可以好好地做点学问。可是不曾想，好梦又破灭了。国民党蒋介石反动派抢占抗战胜利果实，全面发动反共内战，使全国人民又处于水深火热之中。

1949年初夏，金华解放了，英士大学被接管，我被介绍到杭州之江大学工学院土木系教书。次年春，交通大学老校长黎照寰先生出任之江大学校长。之江大学是一所私立教会学校，校址在钱塘江畔六和塔旁的半山上，校舍依山建筑，风景优美，校舍整洁，环境甚好，学校秩序良好，颇有特点。我当时教学任务甚重。

1951年我被调到中国矿业学院任矿山土木系教授。当时矿院在北京西郊建校，先在天津借用开滦大楼等处上课，于1953年迁到北京西郊新校址，改名为北京矿业学院。一直到十年动乱时期，矿院外迁，几经周折，在江苏徐州建校，恢复校名为中国矿业学院，后改名为中国矿业大学。在北京原校址残留部分成立了北京研究生部。我被留在北京研究生部工作，直到现在。我长期从事结构力学、矿山工程力学、岩土力学、结构工程等方面的教学、科研及指导研究生等工作。我指导的研究生已有十名硕士研究生和六名博士研究生通过论文答辩，分别获得硕士和博士学位。我曾为煤矿的提吊设备、矿山巷道围岩的变形与破坏及钢筋混凝土井架的振动特性及地震反应等方面做了一些研究工作，其中两项获得部级科技进步奖。因教学和社会需要，也曾编著翻译过多本科技著作，分别由煤炭、建筑、交通等出版社出版。其中煤炭工业出版社1988年出版的《工程力学手册》一书获得了1990年第五届全国优秀科技图书二等奖。随着科研工作的进展与总结，也曾发表过几十篇学术论文。这些都是为了教学工作或解决工程问题的需要，没有什么独创之处，滥竽充数而已。

我有三子一女。三子均大学毕业，但我的最小女儿在周岁时种牛痘高烧、脑炎后遗症，不幸成为呆傻残废，智力犹似两三岁小孩，2011年2月去世。在1959年至1964年这五年间，我曾患过股骨颈骨折，股骨头无菌坏死，腰椎压缩性骨折，胆囊切除，食道憩室手术、疝气等七次大小手术，当时成为出了名的病号。股骨颈骨折和股骨头无菌坏死给我造成行动困难和生活上不方便，其他手术效果都很好，没有后遗症。晚年虽年老体弱多病，但前些年生活基本上都能自理，经常读书自娱，自得其乐。现已百岁，2011年夏，因眼底问题，已经不能阅读，我的老婆谢赏梅也于2005月逝世。

我天资平庸，治学、教学、科研、工作，只能以勤补拙。该做的事太多，所做的事太少，做成的事更少。记得庄子有句话"吾生也有涯，而知也无涯；以有涯随无涯，殆已。"耄耋之年，回味这些话，也就心安理得可以自我解嘲了。

附录一　袁文伯年表

1912 年

3月25日，出生于浙江天台县十字巷37号，一个并不是很富裕的家庭，父亲袁琴系晚清秀才，生前曾经教过书，喜欢古诗文，并常以诗文自娱。母亲袁郎氏出身名门，父亲曾做过福建泉州府的知府，但很早就过世了，后来家道逐渐没落。

1920 年

3月，进入由其叔叔袁鼐臣创办的天台县文明高级小学读书，当时恰逢新旧学制交替之时，因赶上的是旧学制，故小学读了7年。

1926 年

8月，天台县文明高级小学毕业，进入天台县立初级中学读书。

1927 年

天台县立初级中学读书。该校创办于1906年（清光绪三十二年），以旧校士馆为校舍。据天台中学校史记载，1924年3月25日，康有为、屈文六（映光）等曾来校讲演。袁文伯入学时，学校声望日著。是年父亲病逝。

1929 年

在天台县立初级中学读初二。

是年，袁文伯的老师施督辉先生出任天台中学校长，并在天台中学施行改革，建章立制，创办新学。

1930 年

7 月，天台县立初级中学毕业，在浙江省天台中学历届毕业生名录中可查到袁文伯的名字。

9 月，进入浙江省立高级中学读书。

1933 年

7 月，杭州高级中学毕业；

8 月，与杭高同学周忠钫、姚传甲、陈民三、章昌燕等进入上海交通大学土木工程学院构造门学习。

12 月 7 日，无线电发明家意大利人威廉.马可尼勋爵夫妇抵沪。8 日下午，上海交大在容闳堂会议厅举行茶话会，欢迎马氏。

1935 年

5 月 20 日，现代理论物理学大师、诺贝尔物理学奖获得者、丹麦核物理学家 Bohr 来交大演讲。

暑假，进行测量实习，与同学刘绳祖一组。

8 月，迁入执信西斋，与章昌燕同住一室。

11 月，与谢赏梅女士在上海完婚。

1937 年

春假的时候，参加毕业实习和旅游。从上海出发，乘火车经杭州、南昌、九江，从九江乘轮船到武汉，然后北上经石家庄到达北平，再南下天津、南京，回到上海。

6月，上海交通大学毕业，回天台老家度暑假。不久卢沟桥事变爆发。

8月，天台县立中学任数学、物理教员。

11月，长子重华出生。

1938年

2月到7月，在天台中学、育青中学和大公中学兼课。

7月，离开天台中学。

8月，与施督辉先生一起来到上海大公职业学校任教，担任力学、材料力学、钢筋混凝土等功课，并曾兼代土木科主任，施任大公学校副校长。

1939年

2月，省立浙江战时大学正式开办。

4月，次子袁重果出生。

5月，浙江战时大学改名为浙江省立英士大学，分设工、农、医三院于松阳、丽水。

10月22日，英士大学开学。

1940年

7月，离开上海大公学校来到当时位于浙东丽水的英士大学工学院任助教，担任结构学、结构设计、高等结构学、最小二乘方课程。

1942年

5月，三子重蕃出生，随英士大学内迁云和、泰顺。

6月，浙江丽水沦陷。

12月，经国民政府行政院决议，英士大学改为"国立英士大学"。

1943年

8月，所在国立英士大学工学院独立为国立北洋工学院。升任讲师，讲授结构学、结构设计、高等结构学、最小二乘方、钢筋混凝土及设计课程，编有《木结构设计》讲义。

1944 年

7月，从百丈口北洋工学院回到天台老家渡暑假。

9月9日，温州沦陷。

9月，浙江宁海，任浙江省六区经济建设委员会委员，技正，担任经济建设计划工作，同时兼任鄞县联合中学物理课教员。

1945 年

5月，女儿重斐出生。

8月，日本投降，回到英士大学工学院土木系任副教授。北洋工学院又并入英士大学成为英大工学院，迁址温州。讲授结构学、结构设计、高等结构学、最小二乘方、钢筋混凝土及设计课程，编有《结构学问题》讲义。

1946 年

女儿重斐种牛痘高烧、脑炎后遗症致残。

3月，英士大学迁至金华，袁文伯也随迁到金华。

1949 年

5月7日，金华解放。

5月9日，金华各界人士在英士大学法学院大操场召开庆祝金华解放大会。会后举行了盛大的游行。

7月，离开英士大学，举家来到杭州。

8月，经秦姓工程师介绍，来到之江大学工学院土木系任教。担纲结构学、结构设计、钢筋混凝土、钢筋混凝土设计，实用天文，材料力学等课程。

1950 年

5月，原交通大学老校长黎照寰先生出任之江大学校长。

之江大学任教。

1951 年
7月，离开之江大学，北上天津到中国矿业学院矿山土木系任教。

8月，中国矿业学院（当时在天津），教授，教授应用力学、结构学课程。

1953 年
8月，离开天津，随中国矿业学院搬迁到北京西郊。

9月，到北京矿业学院，任材料力学教研室主任。

1954 年
翻译出版［苏］恩·斯·彼特罗夫著的《测量误差原理》，燃料工业出版社出版。

年底，北京矿业学院科研处成立，开始了有计划、有组织的科研学术活动。袁文伯撰写了"考虑型性的钢结构计算"的科技论文。

1955 年
北京矿业学院学学术委员会成立，并通过了1955年科学研究工作计划。袁文伯确立的科学研究计划是关于"极限状态的钢结构计算"。极限状态下钢结构研究成为袁文伯长期以来一直关注的一个问题，并成为其一个重要的研究领域。

1956 年
2月6日至9日，北京矿业学院第一次科学讨论会召开。

翻译出版［苏］A.A.德罗诺夫．等／著的《公路上的闸门桥梁和涵洞》，人民交通出版社出版。

加入九三学社。

1957 年，翻译出版［苏］伯罗乌杰（Б.М.）著的《钢梁极限状态》，建筑工程出版社出版。

1958 年，翻译出版［苏］格沃兹杰夫著的《极限平衡法结构承载能的计算》，建筑工程出版社出版。

1959 年

1 月，因骑车上课的路上摔倒，致股骨颈骨折。

5 月，胆囊摘除。

被评为中国矿业学院单项先进工作者。参见中国矿业大学（北京）人事处干部档案。

1960 年

腰椎骨折。

1961 年

股骨头坏死，接受关节融合术治疗，术后右腿缩短了 2 公分，行动不便。

1962 年

开胸进行食道手术。

1970 年

5 月，随北京矿业学院搬迁到四川，在重庆大学驻守。

1971 年底

从重庆回京。

1978 年

3 月，获四川矿业学院 1977 年度先进工作者。

北京研究生部成立，招收了"文化大革命"后首批 29 名研究生。袁先生招收了第一位研究生王敦子。

5—6月在辽宁煤矿建设局实验室对6吨旧钩、6吨新钩、4吨旧钩、非标准3吨旧钩、地面用10吨起重旧钩进行电测及破坏性试验。

12月间，在辽宁煤矿建设局实验室对重新设计、制造的吊钩进行了电测及破坏性试验。

1979年

2月，完成吊钩实验。

4月，与吕家立在《中国矿业学院学报》上发表的论文"钩头超过弹性后两个阶段承载能力"。

1980年

被推荐为自然科学技术优秀拔尖人才。

1981年

11月3日，国务院批准中国矿业学院为全国首批具有博士、硕士学位授予权的单位，与高文泰、韩德馨、杨善元、余力、朱建铭、姚承三、魏任之、陈至达一道成为首批博士生导师。

1982年

12月，加入中国共产党。

1983年

5月，"凿井专用系列11吨钩头及4立方米矸石吊桶研制"获中国矿业学院科研处科学技术一等奖，同年论文"非均质弹性冻结壁应力分析"，被江苏省煤炭学会评为优秀论文。

1985年

主持的"凿井专用系列11吨钩头及4立方米矸石吊桶研制"获煤炭部科技进步二等奖，

获评 1984—1985 年度好党员，中国矿业学院优秀教师，北京市统战系统为四化服务先进个人代表，出席北京市统战系统为四化服务先进集体和先进个人代表表彰大会。

1988 年

9 月，退休同时续聘 5 年。

1989 年

主编的《凿井工程图册》之第五册"凿井专用设备设计计算示例"，煤炭工业出版社，。此书为煤炭部的重点图书，对凿井施工带来很大方便，对凿井设备设计计算起了示范和指导作用。

1990 年

4 月，论文"锚杆加固巷道围岩的计算与设计"，被北京市煤炭学会评选为优秀论文。

10 月，袁文伯主编的《工程力学手册》一书荣获第五届全国优秀科技图书二等奖，此项为国家级奖励，是科技图书的最高层次奖。本届获奖科技图书（包括理工农医）共 84 种，其中工科方面 31 种，煤炭系统仅此一书获奖；同年，荣获国家教委从事高校科技工作四十年成绩显著"荣誉证书"。获得此荣誉证书者除四十年教龄外，还需要在教学、科研、著作等方面做显著成绩。

12 月，从事高校科技工作 40 年，成绩显著，受到国家教委的表彰。

12 月，科研成果"钢筋混凝土井架抗震性能研究"获能源部科技进步三等奖。

1992 年

8 月，被评为九三学社北京市先进个人。

10 月，获国务院颁发的有突出贡献的政府特殊津贴。

1992 年，光荣退休。

1993 年

5 月 31 日，到西安参加当代土建丛书编委会议。

2005 年

8 月，妻子谢赏梅女士逝世，享年九十岁。

2011 年

2 月，女儿重斐病逝。

3 月 25 日，百岁寿辰。

附录二　袁文伯主要论著目录

50、60 年代的主要成果：

翻译著作：

[1]《钢梁极限状态》[苏]伯罗乌杰（Б.М.）著，袁文伯译，建筑工程出版社，1957 年．247 页．

[2]《极限平衡法结构承载能的计算》[苏]格沃兹杰夫著，袁文伯译，建筑工程出版社 1958 年．316 页，开本 20 厘米．

[3]《测量误差原理》[苏]恩·斯·彼特罗夫著，袁文伯译，燃料工业出版社，1954 年 11 月，91 页；20 厘米．

[4]《公路上的闸门桥梁和涵洞》[苏]A.A.德罗诺夫．等／著，袁文伯译，人民交通出版社，1956 年．

[5]《煤矿凿井专用设备施工图册》第五册"凿井专用设备设计计算示例"（编校），中国工业出版社，1966 年．218 页，开本 26 厘米．

校译或总审阅的著作：

[6]《矿井地面工业建筑物》(1954 年 9 月，燃料工业出版社)

[7]《选矿厂与团矿厂建筑原理》(1957 年 6 月，煤炭工业出版社)

[8]《装配式凿井井架》(1958 年，煤炭工业出版社)

[9]《掘进井架天轮平台的计算和设计》(1958年，煤炭工业出版社)
[10]《矿井地面建筑施工准备工作和施工组织设计的编制》(1958年9月，煤炭工业出版社)等书籍。

50、60年代出版的油印讲义：

[11] 自编《金属结构》1955年.（北京矿院1953年—1956用）
[12] 主编《材料力学》上、下册（铅印讲义），1960年.（北京矿院1959——1964年用）
[13] 自编《结构力学》上册（油印讲义），1964年/1965.

50、60年代写作的科技论文：

[14]《考虑型性的钢结构计算》(1954)
[15]《三腹板梁的应力分析》(1955)
[16]《能量法计算园环稳定》(1961)

70、80年代的主要著作：

[17]《工程力学手册》，煤炭出版社，1988年. 本手册内容包含结构计算和机械设计中经常遇到的原理、方法、公式和有关资料，共140万字. 荣获1990年第五届全国优秀科技图书二等奖（国家级奖励，科技图书最高奖).
[18] 主编《凿井工程图册》第五册"凿井专用设备设计计算示例"，煤炭工业出版社，1989年。此书煤炭部的重点书，对凿井施工带来很大方便，对凿井设备设计计算起了示范和指导作用。
[19]《岩土力学进展》（副主编），中国展望出版社，1990年。本书反应了我国岩土力学研究的进展和水平.
[20] 审阅著作《带斜柱的多层钢架计算》(煤炭工业出版社，1978年)

[21] 审阅著作《建井工程结构》（上下册，上册钢结构，下册钢筋混凝土结构，煤炭工业出版社，1979年5月。）

[22] 校译［澳］H.G.Poulos，E.H.Davis，《岩土力学弹性解》，译孙幼兰，中国矿业大学出版社。

70、80年代发表的主要学术论文：

[23] 袁文伯，吕家立. 钩头超过弹性后两个阶段承载能力［J］. 中国矿业学院学报，1979（04）.

[24] 袁文伯，吕家立. 平面曲杆两个强度计算公式之间及和吊钩强度计算公式之间的关系. 第一届建井学术会议，1979年，杭州.

[25] 袁文伯. 关于凿井提升钩头及连接装置的安全系数和钩头系列问题［J］. 煤炭科学技术，1980（11）.

[26] 袁文伯，吕家立. 起重吊钩的屈服阶段承载能力和强化阶段承载能力［J］. 起重运输机械，1981（02）.

[27] 袁文伯，陶龙光. 关于立井矸石吊桶提梁的安全系数问题. 建井学术会议论文，1982年.

[28] 袁文伯，陶龙光. 建井专用钩头、连接装置、大型吊桶的研制资料汇编（包括研究论文6篇，实验报告4篇，设计计算3篇，前言和总装图等），1982年8月.

[29] 袁文伯，陶龙光. 凿井钩头、连接装置、4立方米和5立方米大矸石吊桶研制工作鉴定报告，1982年10月.

[30] 袁文伯，陶龙光. 提升矸石提梁的四个阶段承载能力［J］. 中国矿业学院学报，1986（02）.

[31] 袁文伯，王敦子. 用洞径收敛量值预报喷层强度的理论和方法［J］. 煤炭学报，1983（01）.

[32] 袁文伯，马英明，陈宽德. 非均质弹性冻结壁应力分析［J］. 煤炭学报，1983（02）.

[33] 袁文伯，陶龙光. 凿井提升矸石吊桶提梁的塑性分析与计算［J］. 建

井技术，1983（04）.

［34］袁文伯，林小松. 用双向三角级数法解悬臂矩形荡板在边缘荷载作用下的弯曲［J］. 中国矿业学院学报，1985（01）.

［35］袁文伯，陈进. 岩体应变软化特性对围岩应力状态的影响. "国际体态会议论文集"，1985年，徐州.

［36］袁文伯，陈进. 考虑岩体塑性软化的围岩应力分析［J］. 煤炭科学技术副刊（软岩巷道掘进与支护论文选编专集），1985（09）.

［37］林小松，袁文伯. 用双向三角级数法解悬臂矩形荡板在静水压力下的弯曲［J］. 工程力学，1986（02）.

［38］袁文伯，陈进. 软化岩层中巷道的塑性区与破碎区［J］. 煤炭学报，1986（03），77—84.

［39］林小松、袁文伯，用双向三角级数法解悬臂矩形薄板在均布荷载下的弯曲［J］. 应用数学和力学，1985（8），735-744.

［40］袁文伯、程品三：地基的非局部弹性场. 中国矿业学院北京研究生部科技报告会论文，1986年5月.

［41］袁文伯，陈进. 二次支护的合理形式与设计方法. 建井学术会议论文，1986年12月，广州.

［42］陈进，袁文伯. 软岩巷道的支护问题［J］. 建井技术，1986（04）.

［43］袁文伯、余耀胜：地基土变形与倒锥台基础塔动力特性［J］. 煤矿设计，1986（07）.

［44］袁文伯，陈进. 岩土渐进破坏分析的数值方法. 第一届全国计算岩土力学会议论文，1987年7月，成都.

［45］陈进，袁文伯. 砂浆锚杆的加固作用计算［J］. 建井技术，1987.（01）.

［46］袁文伯，陈进. 脆性材料渐进破坏的理论研究. 第三届一般力学及青年力学研讨会论文集，1987年5月，武汉.

［47］袁文伯，陈进. 矿山巷道围岩变形与破坏过程的理论研究. 科学技术研究报告，1988年10月.

［48］陈进，袁文伯. 巷道围岩的脆性破坏理论［J］. 工程力学，1989（02）.

[49] 袁文伯,陈进. 井巷围岩加固的基础研究. 科学技术研究报告,1989年10月.

[50] 陈进,袁文伯. 岩体结构流变分析的粘弹塑性解答,1988第三届全国岩土力学数值分析与解析方法讨论会,1988年.

[51] 袁文伯,陈进. 巷道围岩渐近破坏的粘弹性状态分析[J]. 中国矿业学院学报1988（03）.

[52] 袁文伯,陈进. 地下岩体结构的弹塑性与极限状态分析[J]. 工程力学,1988（01）.

[53] 袁文伯,陈进. 围岩破坏与膨胀的理论研究[J]. 软岩工程,1988（02）.

[54] 袁文伯,余耀胜. 钢筋混凝土井架地震内力组合分析. 构筑物抗震设计规范. 研究资料之一,1988年12月.

[55] 袁文伯、余耀胜：钢筋混凝土井架振动特性和地震反应. 构筑物抗震设计规范. 研究资料之一,1986年.

[56] 袁文伯、余耀胜：钢筋混凝土井架抗震研究. 构筑物抗震设计规范. 研究资料,1989.

[57] 袁文伯,吴永新等.《构筑物抗震设计规范》钢筋混凝土井架条文及条文说明（征求意见稿）,1989年9月.

[58] 陈进,袁文伯. 锚杆加固巷道围岩的计算与设计[J]. 煤炭学报,1989,(03). 煤炭技术第27卷.

[59] 袁文伯,陈进. 岩土介质变形与破坏的基本理论. 工程力学（论丛）,1989.

[60] 袁文伯,陈进. 全长粘结式锚杆的加固作用分析[M]. 矿井支护论文集. 煤炭工业出版社,1990,8-19页.

[61] 袁文伯,陈进. 井巷围岩加固的基本原理[M]. 岩土力学进展. 中国展望出版社,1990,319-324页.

[62] 袁文伯、余耀胜：钢筋混凝土井架振动特性和地震反应. 煤矿地面建筑（煤矿地面建筑学术论文集）. 煤炭工业出版社,1991,96-103页.

[63] 程品三、袁文伯；Griffith 裂纹的非局部弹性解析应力场［J］；科学通报；1988 年 18.

[64] Effects of strain-softening behavior of rock mass on stress around a circular opening (with Chen Jin), Mining Science Technology.1987 706-713).

[65] The progressive failure of the rock mass surrounding an opening by BEM (With Chen Jin), Proc.6th.Int.Conf.on Numerical Method in Geomechanics, Innsbruck, 1988, Austria.

[66] A boundary element method for the progressive failure of rock medium (with Chen Jin), Proc. of 10th.BEM Conf.1988, Britain.

[67] The brittle failure of rock mass surrounding an opening (with Chen Jin), Proc. int. Sym. Underground Engineering, 1988, New Delhi.

[68] Progressive failure of the tunnel at depth (with Chen Jin), Rock at Great Depth, 1989, Rotterdam.

[69] Progressive failure of the tunnel in Viscoelastic-plastic Rock mass. Proc. Int. Progress and Innovation in tunneling. Canada 198.

（以上资料由杨苇统计整理）

参考文献

校史类

[1] 高宁编. 百年名校：杭州高级中学［M］. 杭州：浙江教育出版社，2006年.

[2] 杭高建校80周年纪念册. 内部资料.

[3] 上海交通大学纪事1896—2005（上、下卷）［M］. 上海：上海交通大学出版社，2006年版.

[4] 上海交通大学校史研究专著系列. 思源湖——上海交通大学百年故事撷英［M］. 上海交通大学出版社，2006年版.

[5] 上海交通大学校史研究专著系列. 三个世纪的跨越——从南洋公学到上海交通大学［M］. 上海交通大学出版社，129.

[6] 上海交通大学校史研究专著系列. 交大名师［M］. 上海交通大学出版社，2006年版.

[7] 上海交通大学校史研究专著系列. 青春犹在［M］. 上海交通大学出版社，2006年版.

[8] 中国矿业大学史［M］. 徐州：中国矿业大学出版社，2009年10月.

[9] 中国矿业大学志（上、下卷）［M］. 徐州：中国矿业大学出版社，2009年10月.

互联网资料

［10］上海交大校史网
［11］浙江大学校史网
［12］天台中学校史网
［13］杭州高级中学校史网

科学家传记类

［14］《科学家传记大辞典》编辑组编辑的《中国现代科学家传记》(第三集)［M］. 北京：科学出版社，1992年版.
［15］钱三强. 中国科学技术专家传略［M］. 北京：中国科技出版社.
［16］中国现代科学家传记［M］. 北京科学出版社，1993—1996年版.
［17］王谷岩. 贝时璋传［M］. 北京：科学出版社，2010年10月.
［18］刘深. 葛庭燧传［M］. 北京：科学出版社，2010年10月.
［19］张纯如. 蚕丝［M］. 北京：中信出版社，2010年12月.

档案类

［20］上海交通大学部分档案
［21］英士大学部分档案
［22］之江大学部分档案
［23］中国矿业大学（北京）干部人事档案
［24］中国矿业大学科研档案

其他

［25］当代中国的煤炭工业［M］. 中国社会科学出版社，1989年版.
［26］〔加〕许美德. 中国大学1895~1995：一个文化冲突的世纪［M］. 教育科学出版社，2000年版，第108页.

[27] 中国煤炭高等教育史 [M]. 徐州：中国矿业大学出版社，2001年版，52.
[28]《北京矿院》. 第50期，1955年10月14日，第一版.
[29]《建国以来毛泽东文稿》第12册，中央文献出版社，1988年版.
[30] 袁文伯口述访谈录音整理.
[31]《凿井提升钩头、连接装置、大型吊桶的研制资料汇编》.

后 记

本传记主体框架在 2011 年 3 月袁文伯先生百年寿辰之际就已完成，初稿曾经袁文伯先生审阅，并提出相关的修改意见。后又经近两年的修改和完善，才最终定稿。只可惜，在我们传稿定稿之时，百岁高龄的袁文伯先生因眼底病变，已不能够阅读，实属遗憾！

在此，首先感谢百岁高龄的袁文伯先生及其家人，特别是袁先生的儿子袁重果先生对我们工作的配合和支持，没有他们的支持和帮助，就没有我们今天的成果。与此同时，我们还要特别感谢中国矿业大学（北京）陶龙光教授接受我们有关吊钩实验的访谈，并慷慨提供吊钩实验的一系列原始照片；感谢袁文伯先生的学生、同事陈智纯、周芃生、周澍以及袁先生的博士外经贸大学信息学院的陈进教授接受我们的访谈，感谢原中国矿业大学出版社的莫国震先生提供相关的照片以及杭高建校 80 周年的纪念册，感谢中国矿业大学（北京）宣传部的解志军给我们提供有关中国矿业大学校史、校志方面的资料；感谢中国矿业大学（北京）力建学院的高全臣教授、刘波教授百忙之中帮我们讲解吊钩实验的原理和计算，感谢中国矿业大学（北京）人事处胡喜宽处长以及档案室的金宇女士，对于我们查阅袁文伯先生的人事档案资料提供帮助！感谢中央电视台的东方先生、祝辉先生给我们在摄像方面提供帮助！最后还要感谢《中国科技史杂志》的艾素珍主编，其严谨而认真的工作使得我们有关袁文伯先生的口述访谈——"20世纪70年代后期的吊钩实验"一文能够按时付印，并得以发表！更要感谢采集办公室的全体工作人员，特别是采集小组的张藜女士，没有他们的帮助和督促也就没有我们今天的工作成果！最后，我还要对参与袁文伯先生采集工作的杨苇、宋君、张洪敏、艾广义、赫子铭等表示感谢！

老科学家学术成长资料采集工程丛书
已出版（76种）

《卷舒开合任天真：何泽慧传》　　《此生情怀寄树草：张宏达传》
《从红壤到黄土：朱显谟传》　　　《梦里麦田是金黄：庄巧生传》
《山水人生：陈梦熊传》　　　　　《大音希声：应崇福传》
《做一辈子研究生：林为干传》　　《寻找地层深处的光：田在艺传》
《剑指苍穹：陈士橹传》　　　　　《举重若重：徐光宪传》

《情系山河：张光斗传》　　　　　《魂牵心系原子梦：钱三强传》
《金霉素·牛棚·生物固氮：沈善炯传》《往事皆烟：朱尊权传》
《胸怀大气：陶诗言传》　　　　　《智者乐水：林秉南传》
《本然化成：谢毓元传》　　　　　《远望情怀：许学彦传》
《一个共产党员的数学人生：谷超豪传》《没有盲区的天空：王越传》

《含章可贞：秦含章传》　　　　　《行有则　知无涯：罗沛霖传》
《精业济群：彭司勋传》　　　　　《为了孩子的明天：张金哲传》
《肝胆相照：吴孟超传》　　　　　《梦想成真：张树政传》
《新青胜蓝惟所盼：陆婉珍传》　　《情系梁菽：卢良恕传》
《核动力道路上的垦荒牛：彭士禄传》《笺草释木六十年：王文采传》

《探赜索隐　止于至善：蔡启瑞传》《妙手生花：张涤生传》
《碧空丹心：李敏华传》　　　　　《硅芯筑梦：王守武传》
《仁术宏愿：盛志勇传》　　　　　《云卷云舒：黄士松传》
《踏遍青山矿业新：裴荣富传》　　《让核技术接地气：陈子元传》
《求索军事医学之路：程天民传》　《论文写在大地上：徐锦堂传》

《一心向学：陈清如传》　　　　　《钤记：张兴钤传》
《许身为国最难忘：陈能宽》　　　《寻找沃土：赵其国传》
《钢锁苍龙　霸贯九州：方秦汉传》《虚怀若谷：黄维垣传》
《一丝一世界：郁铭芳传》　　　　《乐在图书山水间：常印佛传》
《宏才大略：严东生传》　　　　　《碧水丹心：刘建康传》

《我的气象生涯：陈学溶百岁自述》　《我的教育人生：申泮文百岁自述》
《赤子丹心 中华之光：王大珩传》　《阡陌舞者：曾德超传》
《根深方叶茂：唐有祺传》　《妙手握奇珠：张丽珠传》
《大爱化作田间行：余松烈传》　《追求卓越：郭慕孙传》
《格致桃李伴公卿：沈克琦传》　《走向奥维耶多：谢学锦传》
《躬行出真知：王守觉传》　《绚丽多彩的光谱人生：黄本立传》
《草原之子：李博传》

《宏才大略 科学人生：严东生传》　《探究河口 巡研海岸：陈吉余传》
《航空报国 杏坛追梦：范绪箕传》　《胰岛素探秘者：张友尚传》
《聚变情怀终不改：李正武传》　《一个人与一个系科：于同隐传》
《真善合美：蒋锡夔传》　《究脑穷源探细胞：陈宜张传》
《治水殆与禹同功：文伏波传》　《星剑光芒射斗牛：赵伊君传》
《用生命谱写蓝色梦想：张炳炎传》　《蓝天事业的垦荒人：屠基达传》
《远古生命的守望者：李星学传》